高等学校　　　　才　　　　建　月

WUSHU

武　术

主　编　司红玉　韩爱芳

副主编　张国明　王　楠

审　稿　李金龙

重庆大学出版社

图书在版编目(CIP)数据

武术 / 司红玉，韩爱芳主编.—重庆：重庆大学
出版社，2017.6
高等学校体育学类本科专业系列教材
ISBN 978-7-5689-0429-2

Ⅰ.①武… Ⅱ.①司…②韩… Ⅲ.①武术—高等学
校—教材 Ⅳ.①G85

中国版本图书馆CIP数据核字（2017）第038385号

高等学校体育学类本科专业系列教材

武 术

主 编 司红玉 韩爱芳

副主编 张国明 王 楠

策划编辑：唐启秀 贾 曼

责任编辑：李桂英 版式设计：唐启秀

责任校对：刘志刚 责任印制：赵 晟

*

重庆大学出版社出版发行

出版人：易树平

社址：重庆市沙坪坝区大学城西路21号

邮编：401331

电话：（023）88617190 88617185（中小学）

传真：（023）88617186 88617166

网址：http://www.cqup.com.cn

邮箱：fxk@cqup.com.cn （营销中心）

全国新华书店经销

重庆共创印务有限公司印刷

*

开本：787mm×1092mm 1/16 印张：12.5 字数：287千

2017年6月第1版 2017年6月第1次印刷

ISBN 978-7-5689-0429-2 定价：29.80元

武汉朗朗文化传媒有限公司销售单

客户名称：	教材成宁职业技术学院		销售单号：	XS00012502042805	
批次编号：	第（*）批/共（1）包		总品种：	1	总册数：2
销售方式：	经销	销售日期：2025-02-13	总码洋：	￥59.60	总实样：￥0.00
操作员：	001	部门：销售	业务员：	001	主管业务员：001
备注：	健康管理学院	教用			

请仔细核对货物的品种、数量、配书，如有货物与单据不符情及时与我公司联系,联系人,联系人001

第1包

序号	书号	书名	出版社	定价	册数	折扣	码洋	实样
1	9787568904292	武大-司红玉	重庆大学	29.80	2	0.00%	59.60	0.00
			小计：		2		59.60	0.00
			品种：					

经办人：　　　　　　　验收人　　　　　　　　　　　　验收日期：

清点：

武汉朗朗文化传媒有限公司销售单

客户名称：	教材咸宁职业技术学院		销售单号：	XS00012502204805	
批发/包号	赏（＊洗）/共（1）包		总品种：	1	总册数：2
销售方式：	经销		总码洋：	￥59.60	总实洋：￥0.00
操作员：	001		业务员：	001	主管业务员：001
备注：	健康管理学院 教用				

第 1 包

序号	书　号	书　名	出版社	定价	册数	折扣	码洋	实洋
1	9787568904292	武术一司红玉	重庆大学	29.80	2	0.00%	59.60	0.00
			小计： 品种：	1	2		59.60	0.00

请行细核对货物的品种、数量、配书，如有货物与单据不符请及时与我公司联系，联系人001

经办人：　　　　　　　　验收人　　　　　　　　验收日期：

清点：

总　序

　　2016 年 8 月 26 日，全国卫生与健康大会通过的《健康中国 2030 规划纲要》体现了党和政府对人民群众健康权益和促进人全面发展的高度重视，反映了我国由体育大国向体育强国迈进的国家意志。"十三五"期间，全面建成小康社会为体育发展开辟了新空间，经济发展新常态和供给侧结构性改革也对体育发展提出了新要求，建设健康中国更是为体育发展提供了新机遇。然而，当前我国体育人才发展水平同体育事业的发展需求仍有差距，存在着体育人才总量相对不足、体育人才培养质量不高、各类体育人才发展不均衡、高层次创新型人才短缺等现象，还不能满足体育强国建设的需求，难以发挥体育人才在体育事业发展、体育强国建设中的基础性、战略性、决定性的作用。特别是在体育专业人才培养质量方面，受招生规模不断扩大、生源质量水平参差不齐、培养单位软硬件等诸多因素的影响，培养质量并未达到预期的目标。究其体育教学本质原因，学校体育教学目标、教师、学生、内容、方法、过程、环境、评价等都难以免责，但是，作为教学内容的载体——教材质量的高度无疑决定着人才培养质量的水平。尽管体育学科教育改革在不断深化推进，但教学内容方面的创新改革力度仍显不足。目前，体育学类本科专业的教材内容仍以传授知识为中心，教材编写一直存在高度抽象化、纯粹理论化、逻辑不清晰、结构混乱、叙述晦涩、实例奇缺，充斥着抄袭来的公式和陈词滥调的顽疾。国际上最新的研究成果和理论较少能在教材中得到体现，缺乏内容丰富、结构合理、描述生动，并有大量实例的教材。整体上，体育学类本科专业教材存在建设滞后、缺乏个性、内容更新周期缓慢、编写水平不高和装印质量低下等问题。导致的结果就是出现教师"教不会""教不清"和学生"学不会""用不上"的窘况，教学质量难以保证，更无从谈起提高教学质量。因此，如何紧跟经济社会的发展变化，编写出能反映体育学科专业的最新研究成果，更好地适应教法更新和学法创新，激发现代大学生的学习兴趣，在内容、逻辑结构和形式编排等方面不断彰显优秀经验传承与创新的教材将是编写者亟待关注的核心问题，也是提高教材编写水平和教学质量的重要保证。

　　"高等学校体育学类本科专业系列教材"是依据"健康第一"的教育理念和《高等学校体育学类本科专业类教学质量国家标准》（修订稿）（以下简称《标准》）规定的专业课程体系要求，由编委会组织多位资深教师尤其是优势和特色专业学科带头人、知名学者教授，在具备深厚学术研究背景、长期教学实践和教材编撰研究经验的基础上，编写出了体现体育学科研究成果的高质量系列教材。按照《标准》规定的专业必修课课程要求，编写了专业类基础课程（体育学类本科专业均需开设的课程），包括"体育概论""运动解剖学""体育心理学""运动生理学""体育社会学""健康教育学""体育科学研究方法"等 7 门专业类基础课程。并按照专业方向课程开设采用 3+X 的模式要求,编写了"学校体育学""运动训练学""体育竞赛学""体育市场营销""中国武术导论"等专业方向课程,以及"运动生物化学""运动生物力学""体育管理学""乒乓球""排球""武术""体操""篮球""健美操""羽毛球"等模块选修课程。该系列教材既可以作为体育学类本科专业学生的教材使用,也可以作为各级各类体育教师和教练员的参考用书。

本系列教材的特色有以下几点:

一是力求体育学科理论知识阐述和论证适可而止,避免机械地理论叠加或过度地引用、借用观点,力争避免高度抽象化和纯理论化。使教学内容丰富,更加贴近现代体育专业本科生的学习兴趣,体现新课程体系下的新的课程内容,注重提高学生的实践能力,培养学生的创新能力。

二是立足于理论联系实际的观点,突出学以致用的目标。在编写体例上,强化了篇章节之间的逻辑关系清晰、结构合理,在案例、材料的选择上更加突出新意。根据知识的脉络和授课的逻辑,设计了思考、讨论或动手探索、操作的环节,提升了书稿的互动性。同时,根据篇幅及教学情况,以知识拓展、阅读和实践引导、趣味阅读等形式,适当增加拓展性知识。力争使教师"教得会""教得清",学生"学得懂""用得上"。

三是力求做到简洁、明晰。在大纲设计、内容取舍上,坚持逻辑清晰、行文简洁,注意填补新兴学科、交叉学科等教材的空白以及相关教材体系的配套,避免了大而全、面面俱到的写作。力图使教材具有基础性、实用性、可读性以及可教性,尽最大努力地避免言不切实,空泛议论的素材堆积。

本系列教材编委均是各个专业研究领域的专家,大都具有博士学位,对各自的研究领域非常熟悉,有很深的研究与很高的学术造诣,他们所撰写的内容均是各自潜心研究并取得的成果。如何编写好体育学类本科专业学生系列教材,全体编写人员在科学性、实用性、可读性、针对性和先进性方面做了初步的尝试。但由于编写时间仓促、交流和讨论实践不够,书中难免存在不足和错误,欢迎读者不吝赐教与批评指正,修订时将作进一步充实与完善。

虽然编委会按照《标准》的要求,有规划地对系列教材进行系统的组织、开发和编写,但由于对教材质量和水平的高规格要求,一部分重要的课程并未被列入此次教材编写的名目,编委会将在后续编写中逐步增补。

本系列教材的编写,得到了重庆大学出版社领导的大力支持与帮助。同时,全国高等学校体育教学指导委员会技术学科组原副组长王崇喜教授,全国高等学校体育教学指导委员会、河南省高校体协主席林克明教授等专家也给予了许多的鼓励、建议与指导,编写时大量参考了诸多专家、学者的前沿研究成果,在此一并表示衷心的感谢!

高等学校体育学类本科专业系列教材编委会

2016 年 10 月

前　言

中华武术是我国优秀的民族传统文化，与京剧、中医、国画并称为四大国粹。中华武术博大精深、源远流长，不仅具有健身、防身、修身的实际作用，更在塑造自强不息的民族性格、振奋民族精神方面发挥着重要的作用。中华武术不仅仅是一种健身养生方式或者防身手段，更是一种生活方式或者说一种人生归宿。

本书的编写迎合了社会的需求，广泛吸收已有教材的优点，结合编者多年武术教学经验，并在此基础上锐意改革、积极创新，打破了传统教材的版式特征，功能模块更加清晰，语句更加精练明了。在功能板块设置上，本书按照学习目标、学习任务、学习地图、课程内容、本章小结和回顾与练习严格布局，并且在各章中穿插了知识拓展、武林人物、推荐阅读等趣味模块，使本书作为一本全新教材，具有一定的科学性与先进性。

作为一本完整的武术教材，本书内容涵盖了武术概述、武术与传统文化、基本功和动作方法、武术学习与竞赛、武术套路与技法分析、武术散打与技法分析、武术功力技法分析、武术的创编与图解知识等，重在体现武术的文化内涵、健身养生价值及攻防价值。

在精神引导上重视与传统文化的结合，提倡武德教育。在技法动作上避免高难动作，突出实用性与适用性。在理论知识上，重视技法分析、教学竞赛、识图自学等实用知识理论，并且随书附有部分短小精焊套路的视频，如简化少林拳、太极拳、太极剑、少林棍等。以上几点突出了本书旨在应用、可操作性极强的特点。本书作为普通高等院校专业武术教材，也可作为广大武术爱好者的学习辅助资料或者自学教材，还可作为普通高等院校的非专业教学用书。

为了保证本书的编写质量，在整个编写过程中依照编、审分离的工作，采取主编负责制下的分工编写、集体讨论修改的编写方式。由司红玉、韩爱芳任主编，张国明、王楠任副主编，参加编写的人员有：许宗乐、石磊、安献周、李怀亮、韩向阳、付清红、王春阳。另外，参与动作演示的人员有：孟童欣、訾黎明、李文龙、郑国栋、肖成龙、郭兆晗。

本书在编写过程中，得到山西大学李金龙教授、郑州大学赵子建教授等的关心与支持，在此表示诚挚的谢意。

因编者水平有限，本书难免有不足之处，恳请诸位读者批评、指正。

编　者
2016 年 10 月

目　录

第一章

概　述

第二章

武术与传统文化

第三章

基本功和动作方法

第四章
武术学习与竞赛

第五章
武术套路与技法分析

第六章
武术散打与技法分析

第七章
武术功力技法分析

第八章
武术套路的创编与图解知识

参考文献

附　录
武术套路演练与欣赏

第一章 概　述

【学习目标】

通过对武术运动宏观的了解，培养对武术运动的浓厚兴趣，树立民族自豪感。体会武术文化源远流长的强大生命力，领悟武术的特点及在生活中的积极意义。了解武术运动所涵盖的内容以及分类，掌握不同的武术分类方法。

【学习任务】

（1）掌握武术运动的发展历程，按照朝代顺序梳理武术发展脉络。

（2）明确武术运动的特点与作用，认识武术运动相较于其他运动的独特性。

（3）初步建立武术运动的内容架构，能对武术运动的各种知识与技法进行归纳整理。

【学习地图】

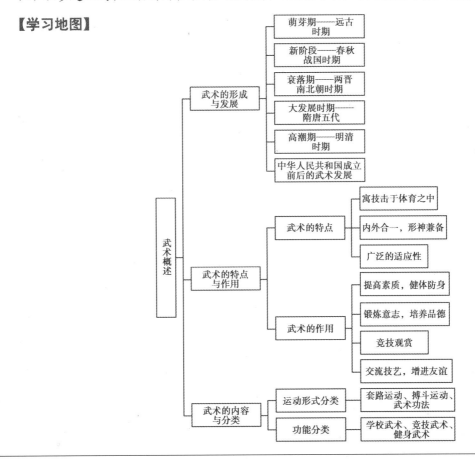

武术的形成与发展

中国武术历史悠久，源远流长，是中国民族传统体育的一种。它有着广泛的群众基础，是中华民族在长期生活与斗争实践中逐步积累和发展起来的一项宝贵的文化遗产。武术项目的内容丰富，运动形式多样，风格独特，具有强身健体、防身自卫、锻炼意志、陶冶情操、竞技比赛、文化交流、技艺切磋、增进友谊等功能，是一项具有广泛社会价值和民族文化特色的中国传统体育项目。

武术项目的形成与发展过程是一个漫长的过程，本书将按照武术发展的各个时期进行简略介绍。

一、萌芽期——远古时期

武术项目是伴随着人类社会的发展而萌生的，在人类社会发展的最初阶段即原始社会，由于生产力水平较低，人类不得不利用自己的身体活动能力获取食物。在狩猎、采摘野果的过程中，产生了走、跑、跳、投、掷、爬、攀登等技术动作，模仿人与野兽、人与人之间的嬉戏及搏斗场面等动作技能，以及随着原始社会狩猎、战事及对大自然的敬畏和祈求神灵庇佑等活动前后跳的"武舞"，而产生了武术的雏形。

狩猎是原始人类维持生存的必要手段。一个猎手在严酷的生活条件下，徒手或运用工具捕猎，和大自然作斗争，严酷的生活条件迫使人类不断地改善自己的体力和智力，在集体劳动过程中发展徒手或简单武器的攻防格斗技能。例如，拳打、脚踢、躲闪、跳跃、摔跌等就是武术的萌芽；劈、砍、扎、刺等动作则是武术器械使用方法的萌芽。由此看来，武术起源于原始时期的生产劳动活动。

距今约十万年前的丁村人文化遗址中，有少量的石球出土，而在距今约四万年前的许家窑遗址中发现了大量的石球。这种石球最早是狩猎的工具，也是武术传统器械中"流星锤"的雏形。武术器械中的"绳镖"则与新石器早、中期石制的鱼镖、鱼骨、鱼叉相似，使用时都是在叉（镖）尾部系一根绳索或绑一根木棒，用手抓住绳索或木棒，将镖、叉掷出，然后牵动绳索将其收回，这就是武术传统器械"绳镖"的雏形。

到了氏族公社时期，部落之间经常发生战争，当一个部落的地位影响和刺激了另一个部落时，使用武力就成了抢占地盘、掠夺财富、维护权利的一种最主要的手段。作为一种直接的动力，军事战斗进一步促进了徒手搏斗和兵器的发展。如黄帝与蚩尤"战于鹿野之阿"（《逸周书·尝麦》），"黄帝与炎帝战于阪泉之野"（《史记·五帝本纪》）。在这些战争中，有了"五兵"的发明。

二、新阶段——春秋战国时期

春秋战国时期，武术发展到了一个新的阶段。春秋战国之际，诸侯争霸，攻伐激烈。为争雄称霸，各国都很重视"拳勇""技击"对军队战斗力的影响，重视技击术在战场上的应用。铁制兵器出现并逐步替代了铜制兵器，当时的主要兵器有"五兵""五刃""五剑"，内容大同小异。"五兵"为戈、殳、戟、酋矛、夷矛，"五刃"为刀、剑、矛、戟、矢。剑和弓弩在当时极为盛行，佩剑、斗剑成为一时之风尚。春秋战国时期，步骑兵战逐渐代替了笨重的车战；冶炼技术的进步使铁制兵器代替了铜制兵器。随着武器的改进和创新，武艺的内容、方法更加丰富充实起来。武术的体育性质逐渐被人们所认识，武术在民间开始广泛流传，武术开始成为人类文化的一个组成部分，是中国进入文明时代的标志之一。

三、衰落期——两晋南北朝时期

两晋南北朝时期的武术发展是一个衰落期，但该时期的武术仍有一定的发展。两晋南北朝实行府兵制选士的标准，对武艺有很高的要求，既要学会拳术的搏斗擒拿技术，也要善射并会使用长短武器；既能"若飞"般疾跑，也要攀登跳跃，长途负重行军。这对武术技巧和速度、耐力、力量诸方面皆有严格要求。西魏末年，府兵由六个柱国大将军率领，每柱国下设两个大将军，一个大将军下又有两个开府将军，共有二十四军。府兵制到隋朝时起了很大变化，征战服役士兵年龄是20—60岁。应征充当府兵的人，平日务农，农闲教练，征发时自备兵器、资粮。这实际上是一种兵农合一的兵役制度。

四、大发展时期——隋唐五代

隋唐五代是武术大发展时期，尤其是唐代武举制的实行，大大促进了武术的发展。武举制的内容有"长垛、马射、平射、筒射、马枪、翘关、负重、身材之选"。通过考试来选拔人才，致使唐以后习武成风。武举制度创始于唐代。武则天长安二年（700）"诏天下诸州宣教武艺"，并确定在兵部主持下，每年为天下武士举行一次考试，考试合格者授予武职。一般人认为，这就是我国科举制度中"武举"的正式出台，自此以后，武举考试为大多数封建王朝所承袭，成为封建国家网罗武备人才的重要制度。

五、明清时期武术的发展

武术从宋代逐步由军事技术分化成为具有健身、娱乐性质的运动项目之后，到了明清时期，这种分化演变更进一步完备成熟并形成了发展的高潮。明代是武术的集大成和大发展时期，流派林立，不同风格的拳术、器械都得到了发展。武术在该时期建立了完整的体系，明代的武术项目之多也是前代所未有的。该时期的器械种类繁多，如棍术有宋太祖之腾蛇棒、山东长竿手、紫薇山棍、张家棍、少林棍等；枪术有杨氏梨花枪、沙家枪、马家枪、峨嵋枪等。

各种花样繁多的套路形式不断涌现，按照自己的发展规律向前发展，套路中有势、有法、有歌诀、有招式的动作图较为详细，也有动与静结合的运动路线图，便于学习领会交流。如戚继光的《拳经》和《纪效新书》、程宗猷的《耕余剩技》等武术专著，也在一定程度上促进了武术在技术、技击与健身方面的发展。此外，太极拳、形意拳、八卦掌等也在这一时期有所发展。

六、中华人民共和国成立前武术的发展

民国初年，习武开禁，拳技之风蓬勃一时。以技击名震天下的霍元甲为该时期的代表人物。民间出现许多拳术社、武士会、武术会，其中以上海的"精武体育会"最为庞大。它在许多省设立分会，并传播到中国香港以及东南亚一带，在继承和发展武术传统上起了积极作用。国民党统治时期，蒋介石曾下令各省反动当局在训练军队时，将国术（1926年，改武术为国术）列为主要术科，并要求设国术训练机关。当时武术家受聘在武术馆任教，培养了大批武术专门人才。中华人民共和国成立前，武术组织多如牛毛，出现规模大小不等、组织形式多样、内容投机、商业性明显的私人拳社。精武体育会、中华武术会、拳术研究会、中央国术馆、中央国术体育专科学校等武术组织在一定程度上促进了武术的发展。

七、中华人民共和国成立后武术的发展

中华人民共和国成立后，群众性武术活动得到了蓬勃发展，从根本上改变了过去那种无人过问、愚昧落后、不死不活的情景。党和国家十分重视武术工作，老一辈无产阶级革命家毛泽东、邓小平号召开展武术活动，刘少奇、朱德、周恩来、贺龙等亦积极倡导武术运动，并对武术继承与发展作出重要指示，将武术确立为国家开展的体育项目之一。1984年，在北京召开了"千名优秀辅导员"表彰奖励大会，在全国产生了强烈反响，充分调动了广大武术工作者的积极性，出现了群众习武的热潮。各地建立的各种形式的武术馆（站、校）就有1万多个。全国以武术作为健身主要手段的人数约为6 000万。

到了现代，武术已经更多地转向了强身健体和竞技体育比赛。目前，中华人民共和国国家体育总局下设有武术运动管理中心（原称中华人民共和国体育运动委员会武术运动管理中心）及国家体育总局武术研究院（原称中国武术研究院）。而全国性群众武术组织——中国武术协会也是中华全国体育总会领导下的单项运动协会之一。一般由它们发起组织武术体育竞技比赛。

此外，国际上也已经把武术当作竞技体育的一种，并且设有国际武术联合会来推广武术，并组织武术国际比赛，目前国际武术联合会有101个会员国。

>> 【推荐阅读】

《中国武术概论》，温力，人民体育出版社

武术和任何事物一样是在不断地发展变化着的。矛盾是事物发展的动力。不同历史时期的武术存在于不同的历史条件下，其矛盾有着各自的特殊性，这就决定了武术的概念、特点和价值也都是在不停地发展变化着的。这本书分上、中、下三卷，具体问题具体分析，概述了武术在各个时期发展的历程。

武术的特点与作用

一、武术的特点

（一）重在技击，强调攻防

武术最初作为军事训练手段，与古代军事斗争紧密相连，其技击的特性是显而易见的。在实战中，其目的在于杀伤、限制对方，它常常以最有效的技击方法，迫使对方失去反抗能力。这些技击术至今仍在军队、公安中被采用。武术作为体育运动，技术上仍不失攻防技击的特性，将技击寓于搏斗与套路运动之中。搏斗运动集中体现了武术攻防格斗的特点，在技术上与实用技击基本上是一致的。但是，从体育观念出发，它受到竞赛规则的制约，以不伤害对方为原则。例如，在散手中，对武术中有些传统的实用技击方法作了限制，而且严格规定了击打部位和保护护具，短兵中使用的器具也作了相应的变化，而推手则是在特殊技术规定下进行竞技对抗。因此，可以说武术的搏斗运动具有很强的攻防技击性，但又与实用技击有所区别。

套路运动是中国武术一个特有的表现形式，不少动作在技术规格、运动幅度等方面与技击的原型动作有所变化，但是动作方法仍然保留了技击的特性。即使因连接贯串及演练技巧上的需要，穿插了一些不一定具有攻防技击意义的动作，然而就整套技术而言，主要的动作仍然是以踢、打、摔、拿、击、刺诸法为主，是套路的技术核心。它的攻防技击特性是通过一招一式来表现的，它的技击方法是极其丰富的，在散手、短兵中不宜采用的技术方法，在套路运动中仍有所体现。

（二）内外合一，形神兼备

既究形体规范，又求精神传意。内外合一的整体观，是中国武术的一大特色。所谓内，指心、神、意等心志活动和气总的运行；所谓外，即手眼身步等形体活动。内与外、形与神是相互联系统一的整体。

武术"内外合一，形神兼备"的特点主要通过武术功法和技法来体现，"内练精气神，外练筋骨皮"是各家各派练功的准则。太极拳主张身心合修，要求"以心行气，以气运身"；形意拳讲究"内三合，外三合"；少林拳也要求精、力、气、骨、神内外兼修。此外，武术套路在技术上往往要求把内在精气神与外部形体动作紧密相合、完整一气，做到"心动形随""形断意连""势断气连"，以"手眼身法步，精神气力功"八法的变化来锻炼心身。这一特点反映了中国武术作为一种文化形式在长期的历史演进中备受中国古代哲学、医学、美学等方面的渗透和影响，形成了独具民族风格的练功方法和运动形式。

（三）广泛的适应性

武术的练习形式、内容丰富多样，有竞技对抗性的散手、推手、短兵，有适合演练的各种拳术、器械和对练，还有与其相适应的各种练功方法。不同的拳种和器械有不同的动作结构、技术要求、运动风格和运动量，分别适应人们不同年龄、性别、体质的需求，人们可以根据自己的条件和兴趣爱好进行选择练习。同时它对场池、器材的要求较低，俗称"拳打卧牛之地"，练习者可以根据场地的大小，变换练习内容和方式，即使一时没有器械也可以徒手练功。一般来说，受时间、季节限制也很小。较之不少体育运动项目，武术具有更为广泛的适应性，其能在广大民间历久不衰，与这一特点不无关系，利用这一特点可为现代群众性体育活动提供方便，使武术进一步社会化。

▌二、武术的作用

（一）提高素质，健体防身

武术套路运动，其动作包含屈伸、回环、平衡、跳跃、翻腾、跌仆等，人体各部位几乎都要参与运动。

系统地进行武术训练，对人体速度、力量、灵巧、耐力、柔韧等身体素质要求较高，人体各部位"一动无有不动"，几乎都参加运动，使人的身心都得到全面锻炼。实践证明，对外能利关节，强筋骨，壮体魄；对内能理脏腑，通经脉，调精神。武术运动讲究调息行气和意念活动，对调节内环境的平衡，调养气血，改善人体机能，健体强身十分有益。

武术套路运动和搏斗运动都是以技击作为中心内容的。通过武术锻炼，不仅能够达到增强体质的目的，而且能够学会攻防格斗技术，特别是武术功力训练，更能发挥技击的实效性。

武术的搏斗运动，通过攻防技术练习、拳打、脚踢、快摔等动作的运用，互相扬长避短，攻彼弱点，避彼锋芒，讲究得机、得时、得势，从而提高判断力和应变能力。这无疑能提高人们克敌制胜和防身自卫的能力，尤其对公安武警和边防指战员更具实际意义和作用。

（二）锻炼意志，培养品德

练武对意志品质考验是多面的。练习基本功，要不断克服疼痛关，"冬练三九，夏练三伏"，常年有恒心、坚持不懈的意志品质。套路练习，要克服枯燥关，培养刻苦耐劳、砥砺精进、永不自满的品质。遇到强手克服消极逃避关，锻炼勇敢无畏、坚韧不屈的战斗意志。经过长期锻炼，可以培养人们勤奋、刻苦、果敢、顽强、虚心好学、勇于进取的良好习性和意志品德。

"教武育人"贯彻在武术教学全过程中，"未曾习武先学礼，未曾习武先习德"，传统中始终把武德列为习武教武的先决条件。武术在中国几千年绵延的历史中，一向重礼仪，尚道德，"尚武崇德"。诸如尊师爱友，包含了深刻广泛的道德内容，像互教互学、以武会友、切磋技艺、讲礼守信、见义勇为、不凌弱逞强等品德。激烈的攻防技术和人生修行结合起来，是中国武术传统道德观念的体现。在社会的发展中，武德的标准和规范也不尽相同，尚武而崇德不仅能很好地陶冶情操，还会大大有益于社会精神文明建设。

（三）竞技观赏，丰富生活

武术具有很高的观赏价值，无论是套路表演，还是散手比赛，历来为人们喜闻乐见。唐代大诗人李白好友崔宗之赞他"起舞拂长剑，四座皆扬眉"。杜甫在《观公孙大娘弟子舞剑器行》著名诗篇中有"昔有佳人公孙氏，一舞剑器动四方。观者如山色沮丧，天地为之久低昂"的描绘。汉代打擂台，"三百里内皆来观"。这些描绘都说明无论是显现武术功力与技巧的竞赛表演套路，还是斗智较勇的对抗性散手比赛，都会引人入胜，给人以美的享受，都具有很高的观赏价值。通过观赏，给人以启迪教育和乐趣。

（四）交流技艺，增进友谊

武术运动内涵丰富，技理相通，入门之后会有"艺无止境"之感。群众性的武术活动，成为人们切磋技艺、交流思想、增进友谊的手段。随着武术在世界广泛传播，还可促进与国外武术爱好者的交流。许多国家武术爱好者喜爱武术套路，也喜爱武术散手，他们通过练武了解认识中国文化，探求东方的文明。武术通过体育竞技、文化交流等途径，在与世界各国人民友好交往中发挥着越来越大的作用。

>> 【知识拓展】

太极拳对于武德的培养要求

一、学太极拳不可不敬。不敬则外慢师友，内慢身体。心不敛束，如何能学艺！

二、学太极拳不可狂。狂则生事。不但手不可狂，言亦不可狂。外面形迹，必带儒雅风气，不然狂于外，必失于中。

三、学太极拳不可满。满则招损。俗语云："天外还有天。"能谦则虚心受教，人谁不乐告之以善哉！积众善以为善，善斯大矣！

四、学太极拳招招当细心揣摩。一招不揣摩，则此势机致、情理，终于茫昧。即承上启下处，尤当留心。此处不留心，则来脉不真，转关亦不灵动，一招自为一招，不能自始至终一气贯通矣！不能一气贯通，则于太和元气，终难问津！

五、学太极拳先学读书。书理明白，学拳自然容易。

六、学太极拳学阴阳开合而已。吾身中自有本然之阴阳开合，非教者所能增损也！复其本然，教者即止（教者教以规矩，即大中至正之理）。

七、太极拳虽无大用处，然当今之世，列强争雄，若无武艺，何以保存？唯取是书演而习之，于陆军步伐止齐之法，不无小补。我国苟人人演习，或遇交手仗，敌虽强盛，其奈我何！是亦保存国体之一道也！有心者，勿以刍荛之言弃之。

八、学太极拳不可借以为盗窃抢夺之资。如借以抢夺，是天夺之魄，鬼神弗佑，而况人乎？天下孰能容之！

九、学太极拳不可凌厉欺压人。一凌厉欺压，即犯众怒，罪之魁也！

（节选陈鑫. 陈式太极图说[M]. 太原: 山西科学技术出版社, 2006）

武术的内容与分类

一、运动形式分类

（一）套路运动

套路运动是以技击动作为素材，遵照攻守进退、动静疾徐、刚柔虚实等运动变化规律编成的整套练习形式。套路运动按照演练形式的不同分为单练、对练和集体演练三种类型。其中，单练又包括拳术和器械两类内容，对练包括徒手对练、器械对练、徒手与器械对练三类内容。

1.单练

（1）拳术。徒手演练的套路运动称为拳术。拳术又包含许多不同的种类，称为拳种。主要的拳种有长拳、太极拳、南拳、形意拳、八卦掌、八极拳、通背拳、劈挂拳、翻子拳、地躺拳、象形拳等，下面主要介绍长拳和太极拳。

①长拳。长拳是以手型、手法、步型、步法、腿法、平衡以及蹦蹦跳跃、闪展腾挪、起伏转折等动作与技术组成的拳术。其运动特点是姿势舒展、动作灵活、快速有力、节奏鲜明。长拳是竞技武术中的主要项目，传统的长拳有查拳、华拳等。

②太极拳。太极拳是一种柔和、缓慢、连贯、圆活的拳术，它以掤、捋、挤、按、采、挒、肘、靠、进、退、顾、盼、定为基本运动方法（亦称太极十三势）。在国内外广为流行，以健身修性为主，也是竞赛项目。传统的太极拳有陈、杨、吴、孙、武等式。

（2）器械。器械套路种类繁多，分为短器械、长器械、双器械、软器械四类。短器械主要有刀、剑、匕首等；长器械主要有棍、枪、大刀等；双器械主要有双刀、双剑、双钩、双枪、双鞭等；软器械主要有三节棍、九节鞭、绳标、流星锤等。下面介绍四种主要的单练器械项目。

①剑术。剑术产生于商代，以刺、点、撩、挂、截、穿、崩、挑等剑法，配合步型、步法、平衡、跳跃等动作构成的套路。其运动特点是：轻灵洒脱，身法矫健，刚柔相济，富有韵律。

②刀术。据考证，在旧石器晚期已出现了石刀。它是以缠头、裹脑和劈、砍、斩、撩、扎等基本刀法，配合步型、步法、跳跃等动作构成的套路。其运动特点是：快速勇猛，激烈奔腾，紧密缠身，雄健剽悍。

③枪术。枪属武术长器械，是古兵器之一，由棍与矛演化而来。枪术是以拦、拿、扎枪为主，兼有崩、点、劈、穿、挑等枪法，配合步型、步法、身法等构成的套路。其运动特点是：走势开展，力贯枪尖，上下翻飞，变幻莫测。

④棍术。棍术是以劈、扫、抡、戳、撩、挑等棍法，配合步型、步法、跳跃等构成的套路。其运

动特点是：勇敢泼辣，横打一片，密集如雨，稍把并用。

2.对练

对练是两个人或两个人以上，按照预定的动作程序进行的攻防格斗的套路。

（1）徒手对练。徒手对练是运用踢、打、摔、拿等技击方法，按照进攻、防守、还击的运动规律编成的拳术对练套路。常见的有对打拳、对擒拿、南拳对练、形意拳对练等。

（2）器械对练。器械对练是以器械的劈、砍、击、刺、格、挡、架、截等攻防技击方法组成的对练套路。主要有短器械对练、长器械对练、长与短对练、单与双对练、单与软对练、双与软对练等诸多形式。常见的有单刀进枪、三节棍进棍、双匕首进枪、双打棍、对刺剑、对劈刀等。

（3）徒手与器械对练。徒手与器械对练是一方徒手，另一方持器械，双方进行攻防对练的套路。常见的有空手夺刀、空手夺棍、空手进双枪等。

3.集体演练

集体进行的徒手的或器械的，或徒手与器械结合的套路练习称为集体演练。竞赛中通常要求6人以上，如集体基本功、集体拳、集体刀、集体长穗剑、集体攻防技术等。要求队形整齐，动作一致，可以变换队形图案，还可以配乐。

（二）搏斗运动

搏斗运动是两人在一定条件下，按照一定的规则进行斗智较力的对抗练习形式，包括散打、太极推手和短兵三项。目前，在全国广为开展的有散打、太极推手。

1.散打

散打是两人按照一定的规则，使用踢、打、摔等技术方法制胜对方的竞技项目。

2.太极推手

太极推手是两人按照一定的规则，使用掤、捋、挤、按、采、挒、肘、靠等手法，双方粘连粘随，通过肌肉感觉来判断对方的用劲，然后借劲发力将对方推出界外或使之倒地以决胜负的竞技项目。

3.短兵

短兵是两人手持一种用藤、皮、棉制作的短棒似的器械，在16市尺（约5.33米）直径的圆形场地内，按照一定的规则使用劈、砍、刺、崩、点、斩等方法以决胜负的竞技项目。

（三）武术功法

武术功法是在中国传统哲学思想指导下，广泛吸收了中医的经络学说与"精、气、神"学说，融合了道家的养生功法，针对身体的特定技能进行专门性提高的训练手段。大致可以分为内功、外功、轻功、硬功和柔功。

1.内功

内功强调通过意念的控制练习，增强神经对肌肉的控制能力及对脏腑的感受能力。主练精、气、神，强内固本，以求达到"内壮"的目的，如洗髓经、易筋经、意拳的桩功等。

2. 外功

外功主要通过肢体活动的锻炼,使身体更加灵活、协调、有力,以提高自卫与攻击能力,如武术套路的练习。

3. 轻功

轻功主要通过对身法及步法的训练,达到理想状态下的"飞檐走壁""踏雪无痕"等轻身飞腾效果。现实练习中,习轻功者多步履矫健,如水上漂、壁虎游墙功等。

4. 硬功

硬功主张通过对身体局部或整体的磨炼捶打,并且以药物辅助,增加身体靶部位的坚硬度和抗击打能力,如一指禅、金钟罩、排打功等。

5. 柔功

柔功主要通过伸筋拔骨及关节韧带的练习,增加身体的柔韧性与延展收缩的能力,如缩骨功、童子功、劈叉等。

二、功能分类

功能分类法是依据体育分类法的基本原理和武术发展实际,从宏观的角度运用系统的观点,对中国武术进行分类。它既能反映出中国武术多内容、多形式、多类别的特点,更能反映出其多功能、多层次的特点。功能分类法把中国武术分为学校武术、竞技武术和健身武术三大类。武术是体育运动的组成部分,并且早已纳入现代化的轨道,它同其他现代体育项目一样具有教育功能(学校武术)和社会功能(竞技和健身),这种分类法可以真实、清晰地反映出现代武术的格局和发展实际。

(一)学校武术

学校武术侧重体现武术的教育功能,其目的是使学生通过武术的锻炼达到增强体质、增进健康,并使之了解祖国传统文化,达到振奋民族精神、培养优良品质的教育目的。

中华人民共和国成立后,武术成为社会主义体育事业的重要组成部分。党和政府十分重视民族传统体育的开展和推广,使武术得到蓬勃发展。在国家体委和中国武协的领导下,各省、自治区、直辖市建立了武术协会、武术馆、社、研究会、辅导站、业余体校武术班,这些都是传授武术技能的途径。武术教育的重要标志是武术作为体育教学内容走进各级各类学校,特别是普通大、中、小学。目前在大、中、小学开展的教学内容有长拳类的少年拳、青年拳、刀术、剑术、枪术、棍术,还有太极拳、剑、攻防格斗技术以及各种健身功法等。另外,军事院校、公安学校、警校有以擒拿格斗、散打为重点的套路和攻防格斗技术。我们可将这一部分武术称为学校武术。

(二)竞技武术

竞技武术的主要目的是创造优异运动成绩。中华人民共和国成立以后国家在这方面投入了大量的精力,如竞赛体制的建立,竞赛规则的制定,裁判法的研究与实施,竞赛规定套路的创编、推广和使用。特别是针对武术中流行最广也最具代表性的长拳、南拳、太极拳剑，以及长拳类的刀、剑、枪、棍等项目进行改造，使之成为能够进行比赛的竞赛项目，这是武术竞赛史上前所未有的创新之举。近年又有传统拳术（如形意拳、八卦掌等）竞赛规定套路的创编、推广以及国际武术竞赛套路的推出，这些项目与学校武术相比较是层次上的不同，存在着初级与高级之分，简单与复杂之别。竞技套路在动作数量、动作组别、技术难度、编排布局上均有特定要求，所以与学校武术存在明显的区别。同时，竞技武术还包括按规则进行比赛的散打、推手、短兵等对抗性运动。

（三）健身武术

健身武术是指除学校武术、竞技武术以外的流行于广大民间的那些源流有序、拳理明晰、风格独特、自成体系的传统武术。这些传统武术的各拳种包括拳术、器械、练功方法、对练以及攻防实战技术（也包括以健身为目的的新编健身套路）。我国人民自古以来就以此作为强身健体、防身自卫、保家卫国、娱乐身心的方法和手段。在现代快节奏以及和平安定的生活环境中，把武术作为健身方法和手段已成为人们生活的一大需要。

我国自1983年至1986年连续四年进行了全国范围内的武术挖掘整理工作，挖整结果表明，源流有序、拳理明晰、风格独特、自成体系的拳种就有129个，参加这一活动的人口据有关部门调查是6 000万，占了国家体委统计的体育总人口的一半，可见传统武术最突出的就是它的健身功能。它是实施落实我国"全民健身计划"的重要内容和有效途径之一。这一功能和它产生的效应不可低估。随着我国经济的快速发展，人民生活的日益提高，以武术作为健身手段参加锻炼的人数仍处在上升趋势。现在成千上万的外国人学练中国武术大都也是为了健身。

功能分类法体现了中国武术的整体结构，特别是在社会功能系统下属的子系统即健身武术涵盖了流行于民间的129个拳种，这是其他分类方法所不及的。功能分类法不仅反映了现实的武术整体框架和发展格局，而且为制定发展武术总战略，调整发展各系统，达到整体的发展提供了思路和依据。它的各种功能、技术层次关系是不变的，但是，其中所含内容是动态的，不断完善充实而加以变化的。这种变化包括质和量的变化，如竞技武术的功能是不变的，但是竞赛体制、比赛办法、裁判法、竞赛套路技术内容等，则要在发展中求完善、求提高的。又如新一轮的竞赛规定套路的推出、竞赛规则的修订等。量的变化以学校武术为例，其内容在发展中根据需要进行了充实和完善，目前中小学体育与健康课本中，从初一至高中六个年级都有武术内容，这就是很好的例证。功能分类法有利于中国武术作为一个整体向世人展现，使世界各国对中国武术在功能作用、技术层次等方面有清晰的了解，便于选择和学习，从而有利于中国武术走向世界。

>>【武林人物】

杨露禅（1799—1875年），名福魁。直隶省广平府（今河北省永年县）人。中国历史上第一个将太极拳事业深入推广、发扬光大的伟大武术家。

1840年左右，杨露禅自豫北温县陈家沟学拳艺成后返回家乡冀南永年县设坛教拳，拳械运用高

妙，所向无不披靡，乡里高手尽皆慑服。后来因故又被荐往北京，历任大户酱园张家、京师旗营武术教师等。晚年时被延请至王府授拳，因众多弟子大都出身高第，礼遇有加，使得太极拳的社会地位和影响力非同一般。旧社会武行规矩虽大，但争斗也极多，露禅公因每在擂台上与别家武者较量，出手即见红，一响必成功，遂被誉为打遍京城"杨无敌"，名声大噪。

　　光绪皇帝的老师翁同龢大学士观其精妙的武艺后大加赞赏："杨进退神速、虚实莫测、身似猿猴、手如运球，犹太极浑圆一体也。"并书赠对联"手捧太极震寰宇，胸怀绝技压群英"相祝贺。自此，他所创之杨式太极拳名满天下，使太极拳从民间武术登上了华夏武术的大雅殿堂，成为国粹。

【本章小结】　　武术项目的形成与发展是一漫长的过程，中国武术是中华民族在长期生活与斗争实践中逐步积累和发展起来的一项宝贵的文化遗产，是一项具有广泛社会价值和民族文化特色的中国传统体育项目。武术发展的时期大致可分为远古时期的萌芽期，春秋战国时期进入新的阶段，两晋南北朝时期的衰落期，隋唐五代的大发展时期，明清时期的高潮期，以及中华人民共和国成立前后的蓬勃发展时期。

　　武术的特点：寓技击性于体育之中；内外合一，形神兼备；广泛的适用性。武术的作用：提高素质，健体防身；锻炼意志，培养品德；竞技观赏；交流技艺，增进友谊。

　　本章采用了两种分类方法对武术进行分类，按运动形式可以分为三类：套路运动、搏斗运动、武术功法。按功能可以分为三类：学校武术、竞技武术、健身武术。

【回顾与练习】　　1.在远古时期，早期武术通常运用于＿＿＿＿和＿＿＿＿。

2.武举制度创始于＿＿＿＿朝，对武术运动的大发展产生了重要影响。

3.以拦、拿、扎为主要技法的武术器械套路运动是＿＿＿＿。

4.请以一种拳种为例，说明武术"内外合一，形神兼备"的特点。

第二章
武术与传统文化

【学习目标】

　　了解武术与传统文化所蕴含的思想哲理，认识武术与中国传统哲学及文化之间的关联。并掌握武术的教育、武术文化、武术传播及武术美学的内容。将武术所包含的文化结合起来，增加自己的武学修养。

【学习任务】

（1）了解武术所蕴含的特有的中国传统文化。

（2）了解武术文化教育与武术教育之间的联系，认识武术文化教育的重要性。

（3）了解武术与中国传统医学的关系，为自身武术学习寻找合适路径。

（4）了解认识武术美学内涵及不同风格，在习练中形成自己的风格。

【学习地图】

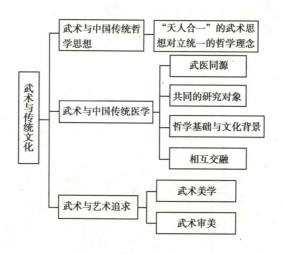

武术与中国传统哲学思想

传统哲学是一种对人生进行系统反思的思想，其功用不在于获取知识，而在于提高心灵的境界。传统哲学思想对丰富武术的理论体系有着重要的价值体现，主要表现在顺应自然的和谐观、人际和谐的道德观、内外兼修的整体观、拳道合一的修炼观。

一、"天人合一"的武术思想

对于"天人合一"，庄子认为"人与天一也"，意思是天与人本质上都是自然合一的，即"天地与我共生，万物与我为一"（《庄子齐物论》）。人、天、地是一个有机的整体系统。武术是人体运动的形式，只有遵循自然规律、顺应自然变化、恪守自然法则，才能达到与自然的和谐统一，实现武术的价值。

（一）顺应自然的和谐观

《黄帝内经》中就指出："人以天地之气生，四时之法成。"自然界春夏秋冬四季的变化，寒暑燥湿的气候直接影响人的生长与健康，因为自然界是生命的泉源，人体的生理、病理、生长、发育、衰老都与自然界的变化休戚相关。春生夏长，秋收冬藏，人类长期生活在这样的自然环境之中，已经能适应春夏秋冬四季的变化，并形成了自身的规律。春夏阳气升发，秋冬阳气潜藏，只要顺应自然的变化，调节脏腑的机能，养精安神，益气补血，平衡阴阳，人体就健康。传统武术在道法自然这一法则指导下，十分注意四季变化、阴阳五行和人体机能的配合，如流行的"少林八卦五行功"，根据不同季节和五脏六腑的变化，分别进行走功、站功、坐功、卧功的各种练习。也有根据人体元气24小时循经络运行一周的情况而选择合适的时机，如"朝练寅、夕练酉"，即武术内功练习选择在每天早上3—5点，晚上5—7点进行功法练习；"形意拳"利用"五行"理论创造出劈、崩、钻、炮、横五拳等。另外，还有各种飞禽走兽的形象、动作、攻防意蕴，融入拳术的技法之中，即是"形物之形，悟物之意"，结合武术技法而成拳，如少林拳的龙、虎、豹、蛇、鹤五拳，据《少林内功秘传》记载，"五拳者，即可练精、力、气、骨、神之法也，故创五式，使内外并修而达于化境也"，"龙拳练神，虎拳练骨，豹拳练力，蛇拳练气，鹤拳练精，上述五拳，如能练至精纯之境，则精固、力强、气聚、骨坚、神凝，五者相合互为融化为用之妙"。南拳中的鹤拳、虎拳，以及武术其他象形拳法如猴拳、螳螂拳、鹰爪拳、蛇拳等均是模仿自然界象动物的形态，结合武术技法而成拳，这种融自然物为一体的拳术是天人合一最形象的身体表征，是人对自然美的形态模仿，表现生命"表现自然"实际上是崇尚生命、崇尚自然，是求得自然与人的共鸣和统一，从天地万物的生长演变现象中获得灵感和启迪，"格物取意"追求意境，是顺应自然的和谐思想的体现。

在武术招式和技术方面，武术不仅借鉴灵巧的动物，还会借鉴自然界中的一切景象。例如，有的拳称姜枝拳，掌称柳叶掌，步称七星步，其作用不仅仅在于给武术动作命名，而且还表明了动作的技术特点和技术要领，在"天人合一"的思想的影响下，武术也不是仅仅停留在对眼睛所能看见的"有形"的事物之上，武术也出现了"化有形为无形"的思想。最突出的表现就是太极拳、八极拳等，它们的特点体现了对自然形态特征的领悟，尤其把圆、空等运动形态融入武术运动之中，圆、空是大自然天地的基本特征，也是运动的最佳方式与境界。圆则灵活多变，空则轻灵无滞，圆空则能活泼自如，循环无端，变化无穷来表现大自然的魅力。具体而言，少林拳技是以圆空为基本架式和方法、式正招圆，太极拳要求处处带有圆弧形，八卦掌以圆为法，南拳中讲究圈桥动作的运用等，在圆空的运动中表现与自然的和谐统一。

（二）人际和谐的道德观

"天人合一"的观念还包括人与人、人与社会和谐的内容。在武术中表现出追求人际和谐的价值取向，注重人与人之间的和谐，提倡武德，处理人际关系时要有谦恭待人、稳健温和、含蓄不露、严以律己、宽以待人、宽容万物、厚德载物的气度。也就是说，在传统武术运动中，把"伦理思想"融入整个全过程，始终把武礼、武德放在第一位，讲究"尚德不尚力""无德无拳"的追求。所以，武术各家各派在传承中制定出一套严格的尊师重道、除恶扬善、谨慎择徒、重义轻利的戒约规范。例如，"未曾学艺先学礼"，"未曾习武先习德"，"学拳以德行为先"，"以涵养为本"，"善修其身，善正其心，善慎其行，善守其德"，要求习武者要有手德、口德、公德。强调习武要仁爱、守礼、忠诚、信义、谦让、宽厚，以求人际和谐。所以，师傅对徒弟德的要求很高，选择徒弟时，注重对道德、品行的评定。如《内家拳法》规定："心险者、好斗者、狂酒者、轻露者、骨柔质钝者不传。"《昆仑剑言》："人品不端者不传，不忠不孝者不传！"苌家拳在《初学条目》上曾告诫门生："学拳宜以涵养为本，举动间要心平气和，善气迎人，方免灾殃！"《咏春白鹤拳·拳谱云》："不信者不传，无礼者不教！"这些武学规矩告诉我们一个道理：在传统武术的传承上更加注重学练者的道德培养，也只有道德高尚的人聚集在一起，才会形成一个团结、和谐的集体。

（三）内外兼修的整体观

拳谚有云："内练一口气，外练筋骨皮"，说的就是内练和外练相结合的思想。"形为神之本，神为形之用"，武术的每一个动作不是简单的肌肉收缩运动，而是靠内在的"气"或"神"的变化，因为意、气、神是武术运动的灵魂，也是发展的动力源泉。武术讲究"以意领气，以气催力"的发力原则及内外兼修的整体观。可以说，意、气、神与力的结合，是武术的特征，不仅有外在的修炼，也有内在的训练。所以，"形神合一""内外兼修"便成为几乎所有拳种流派的修炼原则。其中包括："内"就是指心、神、意、气等内在的心志活动和气息的调节；"外"就是指手、眼、身、步等外在的形体活动。武术的练习就是要将人内部的意念活动和外部的身体活动结合起来，如长拳中的"八法"。"八法"中"手、眼、身、步"，涉及身体外部的形体动作，"精神""气力""功"，涉及身体内部的精神、意识等。习练长拳要处理好"八法"之间的关系，使之相互促进、相互配合，另外，还包括"六合"。天人合一的哲学思想使中国的传统文化具有重和谐、重整体的思维特点，这种思维特点表现在武术中则是追求动作的"合"。"合"就是说明动作的和谐、协调,最为典型的是所谓"内外三合",即"心与意合、意与气合、气与力合、肩与胯合、肘与膝合、手与足合",在此基础上也就有了如心意六合拳和六合八法拳等武术拳种。

(四)拳道合一的修炼观

武术是人体文化之一,主要是以身体为载体来体现文化的。武术这种非语言文字文化特征,主要表现在武术拳种套路中。武术拳种套路是武术前辈主观心灵的客观反映,是他们观察自然、体悟武术的结晶,是其精神活动的客观化、武术意义的格式化。武术的套路结构,演练风格处处都体现着武术的观念和思想。在武术演练的过程中,讲求精、气、神,其中的"神",就是要求演练者要用心去体悟其中之奥妙。在体悟动作的过程中,由通过体悟动作而上升到体悟生命的高度的认知过程,来进一步认识自我。在武术的修炼过程中,从以"自我为中心"到武学的高级阶段,即"忘我"的境界,是武术者在不断地认识自我、体悟生命的过程,正是由于中国武术对中国古典哲学、古典文化的吸纳,使之成为由拳悟道的工具,成为中国传统哲学的一个重要验证体系。与之相应,习练武术的最高境界,其实就是以武演道、由武入道。所以,"以武入哲""拳道合一"成为武术修炼者不懈的追求。武术文化的特点之一就是将哲学思维与武术技术相融合,强调天人合一,自然界的一切都可为我所用,这也是人法地,地法天,天法道的武学境界,这种融合将武术修炼升华为一种内在的精神领域的东西,使之成为一门学问。"拳道合一"中的"道"是最根本的本质特征,拳技的千变万化贯穿着一个"理",其实就是老子的"道"。所以,"拳道合一"的修炼观是深受东方文化影响的结果,是东方哲学文化在身体运动中所体现出的思想观念。相对于其他形式的运动项目,武术更加深刻地体现了中国的文化特点,相对于西方的搏击项目,中国武术则更加体现了其"道"的特色,在西方的搏击项目中,较多的以"术"相称,如拳击术、摔跤术、格斗术等,这种观念表现出对于方法、技术层面训练的极大重视,而东方的搏击项目,如跆拳道、柔道、剑道等都是在重视技术训练的同时,将"道"字融入运动之中,在训练技术的同时也在体悟和思考,进行精神层面的升华。

由此,武术已经不只单纯地用于比赛运动项目,而是可以将其看作走向人生智慧之路的过程。武术作为中国优秀的传统文化的重要组成部分,始终离不开其文化基础,这正是武术的魅力所在。由于"天人合一"思想的影响,中国武术更加重视对自身生命的保养,更加注重内在的提升,这也体现出武术的"泛和谐价值观",通过习练武术可以更深刻地领悟中国传统文化。

▌▌二、对立统一的哲学理念[1]

在武术套路中,比如太极拳,充满着这种虚实、阴阳等矛盾对立面相互转化的思想。对任何外来施加的力,采取不抵抗"柔"的态度,暴露出对方弱点,达到以柔克刚的目的。

同时,中国武术讲究"四两拨千斤",即用较小的力顺势而去战胜较大的力;阴与阳在太极拳中的互相转化也是该拳种的优势,也反映出矛盾对立面相互转化的规律。"力小"与"力大"、阴与

---

1 王海鸥,闫民.哲学视角下武术传统与现代传承的反思[J].天津体育学院学报,2013(3).

阳是矛盾的双方，从常规上看，应该是以大胜小、以阳胜阴的，但中国武术却用"用劲之通"的转化途径，使这一矛盾相互转化，做到以小胜大，以柔克刚！

中国哲学认为，阴阳是独立不改的基本质料，任何事物离开了阴阳，它其中所蕴含的"道"，也就成为一个混沌的存在！阴阳之说，是古人对大自然万象万物长期观察的总结，中国古典哲学中有关万物生长变化的关联点，同时也是中国文字形成的起源！武术要求"动静相生""刚柔互补""快慢相间""后发先至"等，这都是以阴阳辩证观念为指导，却充满着矛盾的转化。比如，各种象形取意的拳种和拳式，都是自觉或不自觉地在这一哲学观念指导下发展起来的矛盾体。既然是矛盾体，各种拳种就具有矛盾特殊性的哲学理念。矛盾特殊性是指具体事物的矛盾以及矛盾各个方面及其特点，即矛盾的个性和相对性。矛盾特殊性的含义体现在三个方面：①不同的事物有不同的矛盾；②同一事物在不同发展阶段上的矛盾各有其特殊性；③在同一事物不同发展过程和阶段上，矛盾的各个方面各有其特殊性，表现为矛盾发展的不平衡状况。中国武术中，有的派别讲究"有招无式""一招制敌"等；有的派别提出"后发制人"，既有套路的威力，又可具体攻敌弱点，灵活使用，体现矛盾特殊性的原理。只有具备特殊性才有自己拳种的优势。在拳种具体运用中，根据不同对手的特点，采取不同的打击与防御方法，做到具体情况具体分析，以达到制敌的目的。当然在具体情况具体分析时，又运用了量变与质变的哲学理念。量变是质变的前提，质变是量变的必然结果，量变发展到一定程度，必然会发生质变。在太极拳中力的"弱"与"强"的控制，就是量变与质变的过程，也就是说从柔中突出"奇""巧"力，突破量变，从而达到质变，在出其不意的情况下击败对手。另外，武术蕴含了一个"度"的把握，根据对手情况做到一掌、一拳的力该用到什么程度，一推、一抓的用力有多大等，都关系到"度"。如虚招的力不可太大，因为虚招是为实招作准备的，太大有可能会错过实招制敌的最佳时机，而太小又起不到假装攻击的作用，需要掌握好"度"，不轻不重，才能达到效果。

所以，武术的学习是一个悟"哲学"的过程，强调循序渐进，从而达到"哲"的境界，这就是武术"哲学"理念的体现。

>> 【知识拓展】

抱拳礼的规范

抱拳礼亦称拱手礼，是古代人们对神的尊敬，在祈祷前的礼仪姿势，道侣相逢或道俗相逢，多行此礼，表示恭敬。后来人们在交往中使用拱手礼表示像尊敬神一样的尊敬对方。所谓礼仪在古代来说都是经过一些表示不会伤害对方的仪式发展而来的，如作揖，之所以必须双手作揖，是因为这个姿势表示"我双手里没有武器"以示友好。抱拳、握手，也是出于类似的原因。

动作姿势：并步站立，左手四指并拢伸直成掌，拇指屈拢，右手握拳，双手由体侧迅速向胸前合抱，左掌心掩贴右拳面，两小臂微内旋撑圆，肘尖略下垂，平举于胸前，拳掌与胸相距20~30厘米。头正，身直，目视受礼者。

要点：行礼迅速、精神饱满、态度诚恳。

抱拳礼的含义：寓意为扬善隐恶。盖以左手为善，右手为恶之故。

另有以下几种解释：

（1）以左掌表示德、智、体、美四育齐备，象征高尚情操，有武德之意；屈左手拇指表示不自大、不骄傲、不以老大自居；右拳表示勇猛习武，左掌掩右拳相抱，表示"以理服人、武不犯禁"来约束勇武本意。

（2）左掌右拳两臂撑圆抱于胸前，手有五指为"五湖"，分四个区间为"四海"，即平时所讲的"五湖四海"，过去讲"五湖四海皆兄弟"（泛指五洲四洋）表示天下武林是一家，谦虚团结、以武会友之意。

（3）左掌为文，右拳为武，表示文武兼学，虚心渴望求知，恭候师友或前辈指教。

（4）两手抱于胸前微外翻，是向对方展示在交手前没拿暗器，表示清白，不失光明磊落，演绎而成现在的抱拳礼。

抱拳礼也是一种传统的见面礼仪，是武术界礼仪中常见的一种行礼方式，过去称"见礼""有礼"，现在叫"武礼"。武礼也是由国家体育总局武术运动管理中心所规定的一个礼仪动作。武术界的各种赛事，运动员入赛场后与退场前须向裁判员、主席台及观众行抱拳礼。运动员、教练员、裁判员等人见面时，须行抱拳礼。武术界学生、徒弟遇见老师、师傅及武术前辈时，需先向老师、师傅及武术前辈行抱拳礼，以示尊敬。同时，老师、师傅及武术前辈行抱拳礼还礼，以示互相尊敬之意。这也是中华民族的一种美德。

第二节 武术与中国传统医学

武术和中医作为中华优秀传统文化的两个重要组成部分，在漫长的历史岁月中为中华民族的繁衍生息保驾护航。二者各自有独立完整的体系，又在诸多方面相互渗透、息息相关。

一、武医同源

在原始社会时期，武术已经萌芽。先民们为了生存而打渔狩猎，必须不断与自然作斗争。在"人民少而禽兽众"（《韩非子·五蠹》）的远古时期，与野兽搏斗是生存的常见场景之一。在这个过程当中，先民逐渐将一些高效易用的战斗动作提取出来，勤加练习，形成了武术的雏形。并且在部落之间的斗争中不断得到实践与发展，格斗体系逐渐趋于完善。因此，武术源于先民们的斗争经验总结，是攻防格斗等技术的集合。

中国医学历史悠久，源远流长。在远古时期，先民们就掌握了一些基本的治疗病痛的方法。砭石、骨针、灸法等的应用，无一不是先民们生活经验的总结。例如，灸法便是先民们在向火取暖时，发现热力可以减轻一些病痛，于是进一步发展成为以烤热的石块、树枝等对身体的局部进行加热，以减轻或者消除一些病痛，逐渐衍生出成熟的灸法疗法。中医承载着中国古代人民同疾病作斗争的经验和理论知识，是在古代朴素的唯物论和自发的辩证法思想指导下，通过长期医疗实践逐步形成并发展成的医学理论体系。

因此，武术与中医都是先民们的生活经验总结，是在求生存的劳动实践中产生的伟大创造。

二、共同的研究对象

中医，指以中国劳动人民创造的传统医学为主的医学，是研究人体生理、病理以及疾病的诊断和防治等的一门学科。武术与中医二者研究的核心都是人本身，更确切地说都是对人的身体的研究。武术希望通过对身体的训练，提高灵敏协调能力，增强身体体质，掌握与人格斗的技术技法。中医希望通过对人的身体的研究，达到辨证施治、治疗疾病的目的。二者的研究都紧紧围绕着人的身体展开，因此具有相同的研究内容。

三、共同的哲学基础与文化背景

武术与中医在同一片土地上成长成熟，拥有共同的文化背景和哲学基础。二者的指导思想均包含我国传统哲学的整体观、阴阳学说、五行学说、精气神学说等。并据此结合自身实际，完善发展。

（一）阴阳学说

中医中，用阴阳学说划分人体这一有机整体的阴阳，又根据其所在的部位、机能特点划分其阴阳属性。例如，《黄帝内经·素问·金匮真言论》云："夫言人之阴阳，则外为阳，内为阴。言人身脏腑中阴阳，则脏者为阴，腑者为阳。"中医认为阴阳的消长平衡是维持正常生命活动的根本条件，阴阳失调是一切疾病发生的基本原因：阴阳偏胜、阴阳偏衰及阴阳俱衰是阴阳失调的几种基本情况。《太极拳论》开篇明义："太极者，无极而生，阴阳之母也。"陈鑫在《太极拳论》中说："阴阳互为其根，不可分两撅。"意思是说阴中有阳、阳中有阴。在提出避免双重时说"须知阴阳"，意思是说一阴阳互根，绝不是"双重"，"双重则滞"，其实所有的拳种都强调不可以阳对阳，也不可以阴对阴。拳谚曰："练拳不练功，到老一场空。"这里说的功夫有两层：一是指外功，即主练阳刚的硬功夫；二是指内功，即主练阴柔的功夫，在这里突出了动与静、内与外、硬与柔的阴阳关系。

（二）整体观

中医的整体观念认为人体是一个有机的整体，人的结构相互联系、不可分割，人体的各种功能相互协调、彼此为用。武术中的形意拳、太极拳、八卦掌等拳种都强调"内三合、外三合"：内三合为心与意合、意与气合、气与力合；外三合为手与足合、肘与膝合、肩与胯合。强调练拳不管在外形还是内心都要有整体的概念。

（三）经络学说

人体经络系统由经脉、络脉、经筋、皮部和脏腑五部分组成，其中经脉、络脉为主，内络脏腑，外连筋皮。经络联络脏腑器官，沟通上下内外，使人体五脏六腑、五官九窍、四肢百骨骸等组成一个有机的整体，《黄帝内经·灵枢·本藏》说："经脉者，所以行气血而营阴阳，濡筋骨，利关节者也。"

气血是人体生命活动的动力和物质基础，而气血的流动输送到全身各部必须借助于经络，经络就像灌溉的渠道，如果阻塞就会精气不足，则抵御邪气不力，外邪就会乘虚而入使人生病。人体阴阳失衡导致疾病，经络会自行调节，不通就需针对气血、阴阳盛衰的具体症候，运用针灸、推拿、导引等方法通过对适当的穴位施以适量的刺激，激发经络的自我调节作用。

武术中的擒拿就是通过"抓筋拿脉"使对手俯首称臣。武术中的抓拿技法就是以中医的经络学说为理论基础而形成的，穴位是经络、脏腑的气血灌注处，在穴位处施以某种刺激便可使经脉的气血运行壅塞甚至阻断，正如《黄帝内经·灵枢·经脉》云："经脉者，所以能决生死，处百病，调虚实，不可不通。"黄宗羲《王征南墓志铭》记载：王征南"凡搏人皆以其穴……有恶少侮之者，为征南所击，其人数日不溺，踵门谢过，乃得其故"。可见，熟练地掌握人体的经络走向及穴位位置能轻而易举地制服对手。

（四）五行学说

五行学说是中国古代哲学的重要成就，五行即木、火、土、金、水，但是这并不代表五种物质，而是五种属性。五行于中医则体现了具备这五种属性的人体五大系统的相互关系。木、火、土、金、水这五个符号分别代表肝、心、脾、肺、肾所统领的五大系统。在形意拳中，分别以金、木、水、火、土对应五种基本的拳型：劈、崩、钻、炮、横，并且分别归属于肺、肝、肾、心、脾。

四、武术与中医相互交融

（1）武术的主要价值之一就是克敌制胜，不管是训练还是搏斗，很多时候需要以对抗的方式进行。在此过程中，难免有人受伤。因此，要求习武之人掌握一些跌打损伤的治疗方法，以便于自救或者救人。

（2）在技击中，以弱胜强是人们的不懈追求。因此，武术的打击穴位与中医的经络穴位学说相互印证，相互促进。通过武术家击打有效穴位的实证和内功修炼中的气循经络，佐证了中医的经络穴位学说。

（3）中医骨伤科学是一门防治骨关节及其周围筋肉损伤与疾病的学科。古属"疡医"范畴，又称"接骨""正体""正骨""伤科"等。其是中华各族人民长期与损伤及筋骨疾患作斗争的经验总结，是中医学重要的组成部分。擒拿法练习提高了人们对身体结构的认识，丰富了中医识骨、认筋、辨穴的知识。

（4）武术健身术以"壮内强外"为目的，"内外互导""内练精气神""外练筋骨皮"，这种整体健身观与中医养生的整体观一致。

（5）武术药功中的佐功药，分为内服和外用两种。其内服药以强筋壮骨为主，具有激发机能活力，防止训练过度的作用，外用药以舒筋活络为主，具有活络软坚，防止皮肉老化坏死的作用。

>>【推荐阅读】

《道德经》是春秋时期老子的哲学作品，又称《道德真经》《老子》《五千言》《老子五千文》，是道家哲学思想的重要来源。道德经分上下两篇，原文上篇《德经》、下篇《道经》，不分章；后改为《道经》37章在前，第38章之后为《德经》，并分为81章。

《道德经》是中国历史上最伟大的名著之一，对传统哲学、科学、政治、宗教等产生了深刻影响。据联合国教科文组织统计，《道德经》是除《圣经》以外被译成外国文字发行量最多的文化名著。鲁迅先生说："不读《老子》一书，就不知中国文化，不知人生真谛。"

武术与艺术追求

一、武术美学的历史流变

据史籍记载，中国早在约5 000年前就出现了各种兵器。之后，产生了练习武艺的简单制度，"三时务农而一时讲武"（《礼记》），规定了训练时间和内容。"舞于羽两阶"（《尚书》）的集体操练和"执技论力"（《礼记》）的对抗性比赛也开始出现。这些"以弓矢舞，持干戚舞"的娱乐性武舞，具有较高的审美价值。

随着阶级社会的出现，一部分原本用于狩猎等生产活动的技能和工具，转而用于军事活动，同时也产生了更多用于战争的新技艺和新武器。武术之美，悄然孕育其中。春秋战国时期，艺术繁荣促进了美学观念的诞生。武术美学意蕴总体表现出"内道外儒"的特点，儒家与道家的互补体现武术的审美特征。儒家"仁者爱人"观念的发展，逐步形成了武术传统武德。以老子、庄子为代表的道家，追求超功利和精神绝对自由的审美境界，主张顺应自然、摆脱束缚获得自由以达到美的境界。道家美学诸多命题，直接映射到中国武术理论与实践当中，使武术自身带有深奥的哲理，不少知名武术家的技击招式也外显神奇之美。

秦统一中国后，军队有更多时间训练武技，而民间由于禁用兵器，而使擒拿、格斗、摔跤等徒手武艺得到发展。《汉书·哀帝纪赞》已提到宫廷"武戏"，说明作为血腥杀人手段的武艺，已经具有越来越多的娱人和自娱的游戏因素。从出土兵器来看，汉代表现为较成熟的雄健之美，重刀之习起于汉代，之后短兵器迅速发展并传播到国外，同时出现剑舞、刀舞、双戟舞、钺舞等武术与舞蹈的结合，并在宫廷或士大夫阶层中表演和欣赏，使武术之美具有更丰富的内容。魏晋南北朝时期，美学和艺术探索的思想较为活跃。玄学的盛行和佛教的迅速传播，使人们摆脱了传统经学的束缚，艺术实践更为丰富多样，重美轻善渐成潮流。魏晋南北朝时期与武术共同发展的有气功、导引、养生术,此类早期的内家功法不仅具有强身保健的意义,还显现出理论色彩,如曹丕的《典论》中就不仅论文,而且论剑。

隋唐武术的发展受到府兵制和武举制创立的影响,得到了较大的发展。这一时期,由于多民族的融合,日本、朝鲜等外来文化频繁交流,以及其他种类的艺术形式,比如百戏、舞蹈、杂技的融入,武术在这一和平安定的时期逐步脱离军事训练。艺术家也注意到武术之美,杜甫、李白等赋诗赞美武术,书法家更从武术中获取灵感以启发艺术创造力。宋元古典美学的成熟,使美学意境更为传神,把韵、趣、意境等作为审美理想,这种追求神韵美的观念,在武术中亦开始体现。元代统治者仗弓马之优势取天下,深知武艺的功利价值,因而严禁民间"弄枪棍""习武艺",明令私藏武器者治以重罪,并宣告"诸弃本逐末,习角抵之戏,学攻刺之术者,师弟子并杖七十七。"(《元史·刑法志》)这虽然对武术是一个打击,但作为民间文化的代表,其有着强大的生命力,并悄然潜入元代杂剧之中,于是,唱、念、做、打成为传统杂剧的组成部分,演练技巧类似套路,从实用的武术技击走向审美意蕴。特别是驻屯兵的推广,使得地方杂剧深入乡村各个角落,各种武术功夫在舞台上得以美化,各种兵器变为艺术表演的道具,至今仍在我国西南地区大面积存在,武术成为戏剧表演者最基本的训练内容。

明清时期武术发展尤盛,形成了较完整的体系。与古典美学相似,它也呈现出总结性的形态,武术之美积淀、凝聚,形成了自己的特征。明代尽管在军事中开始使用火器,但战场上起主要作用的仍然是传统的武艺。在民间,"只图取欢于人,无预于大战之技"的花拳虚套,却为群众喜闻乐见。《耕余剩技》等专著中,以绘图的形式明确记载棍、刀、枪等套路技术,有实用技法,亦有花法。戚继光虽强调武术实战,但在所著《纪效新书》中,也收入"三十二势,势势相承"的套路。武术有了相对定型的套路,这就便于整体传授、观摩、交流、揣度和领会其独特的风格和韵味。套路的形成,使各种技击格斗动作得以保存和流传,有利于传授和练习,也使武术之美更加鲜明地显现出来。清初一度禁武,迫使武术融入隐秘的乡土社会,成为健体、防身的练习手段。少林寺、峨眉山、武当山等寺院道观,成为武术继承、融汇、发展的据点。之后,武术新拳种、新流派如雨后春笋般涌现,有的运用太极、八卦、五行学说阐释拳理,有的附会仙佛古人或模仿动物创立拳种,呈现出万紫千红的灿烂景象。

▋▋ 二、武术审美的内涵

中国古典美学在历史发展中,形成一系列理论学说,如阴、阳、韵、气、神等的联系、区别与转化,构成古典美学的思想体系。气——古人指构成宇宙万物的物质本原。气的运用,直接关系着作品的艺术境界和风格,如曹丕所说"文以气为主",主张创作之前坚持养气。因此,武术习练者通过养气、练气、集气、运气以培养武术感悟,传达武术特有的韵味,进入不可言说的美妙境界。比如,太极拳练到了一定层次,生理上的快感与精神上的享受合一,既养生又养气,武术审美意蕴可以被自身感受到,也可以被旁观者所欣赏到。养气还是关于审美情趣的修养活动,武术讲究"外练筋骨皮,内练一口气"。练武者要泛知各路拳种,精练一二,熟能生巧,在大量的实践中深入体会所练主要拳种的精髓,才能逐渐"得气",形成自身的独特风格,继承和发扬武术之美。

（一）韵

韵指超然于世俗之外的生动含蓄的风采气度。"韵"普遍用于绘画、书法、诗文等艺术领域，成为写意艺术流派的理想美。董其昌《容台集》："晋人书取韵。"韵，往往能表现出武术的含蓄之美，于动作形貌中透出外在的风采。武术参与者，当其个人的意境融入分解的动作招式中，从而表达对现实生活的独特审美感受和情趣，在中华武术中，如笔墨国画一般抒发情感，展现出习武者的审美体验，这就可以说已达到"取韵"阶段。

（二）意

意指主观意识、趣旨及其在作品中的艺术表现。情境融合与形神统一构成的意境，把武术的欣赏者引入能够充分想象的审美空间，使有限、生动、鲜明的个别形式，蕴含于无限、丰富、深广的审美内容之中。武术所追求的意境，也是在有限的形象中暗示出不可穷尽的象外之象和景外之景。武术之美"呈于象，感于目，会于心，而口不能言；口能言之，而意又不解，划然示我以默会意象之表。"武术家的具体技击动作，往往并非写实再现客观对象，而是会抒发自身感受，即"抒我胸中逸气"。写意的原则导致武术对气质、神韵的追求，也促使武术动作虚拟化、程式化，而更接近于表演艺术。《庄子·外物》："言者所以在意，得意而忘言。"武术习练者往往追求神形兼备，而更高一层次强调传神而脱形。

（三）形

形指可被感知的实体外貌。在中华武术当中，"形"指习练者的外形样貌及动作的形象。对于练武者动作的基本要求是能够反映模仿对象的形貌，这被称为"形似"。形象化的真实模仿，可获得具体、鲜明、逼真的审美效果，也是习练武术不可缺少的重要阶段。而不去进一步提高，达到传神的意蕴，仅停留在形似的阶段，往往被视为习练者缺乏意蕴、浅薄直露，使武术欣赏者的联想受到抑制，无法直观感受到武术传神之美。如今，武术家讲究的形神兼备、内外兼修，是其一大特征。

（四）阳刚、阴柔

阳刚、阴柔指中国古典美学表示不同风格美的两个范畴。《易经》认为，阴阳为万物之本。天为阳物，地为阴物；天动为刚，地静为柔；天刚地柔，各有体性。在体育活动中，我们一般把男性之美视为阳刚美，把女性之美视为阴柔美。而中华武术当中，刚柔是对立统一的，技击和套路武术讲求刚柔相济、动静有序，达到相得益彰、和谐之美。这是因为武术思想家认为，阳刚与阴柔是完美的统一。

>> 【武林人物】

董海川（1797—1882年），生于清代嘉庆年间，原名董明魁，清朝河北省文安县朱家务村人。八卦掌拳术的创始人和主要传播者。

董海川身材魁梧，臂长手大，臂力过人，擅长技击。少时家贫，自幼嗜武，年轻时因误伤人命，奔走他乡。相传在安徽九华山得遇"云盘老祖"传授其技,创立了八卦掌。

清朝咸丰年间,董海川流落京师,有传为隐姓埋名成为太监,到王府当差。董海川在王府当差时,因为一个偶然的机会才为人所知。一日,太极拳名师杨露禅奉召在肃王府与府中拳师比武,连战连胜,最后竟将一拳师掷于园网之上。是时,董海川手托菜盘由此经过,立即飞身上网救起拳师。董海川遂与杨露禅相斗,双雄对峙,胜负难分。从此太极拳与八卦掌各立门户,桃李盈门,流传后世。

董海川于清光绪八年(1882年)冬季逝世,原葬于北京东直门外小牛房村旁,1980年迁葬京西万安公墓,有碑铭数幢环墓前后,后世编有多种崇尚董海川武功的传奇故事,其中以武侠小说《雍正剑侠图》影响最广。该书中以童林(字海川)影射董海川,给董海川生平和八卦掌渊源染上了一层神奇色彩。

　武术有着其特有的文化内涵，与中国传统文化哲学相交融，融合出其特有的文化形式。武术文化与五行、天人合一、阴阳平衡等思想文化都有一定的交集，是含有武术这一特殊符号的思想文化。武术文化是中国传统文化的产物，是中国传统文化的沉积与反映，渗透着中国传统文化的色彩，以中国传统哲学、美学、医学、法学和宗教学等文化为主核心，经过几千年风雨历程，通过对中国传统文化的不断继承和发展，逐渐形成了武术的审美艺术性，且具有鲜明民族特色的传统性体育项目。

武术教育是武术传承的一种重要方式途径。从武术发展的整个历史进程来看，武术文化价值的传承让武术教育传承更加具有魅力和生命力，更加体现出了武术教育传承中文化传承的时代意义和现实价值。

武术的传播方式：①大众传播方式；②群体传播方式；③组织传播方式；④人际传播方式。

中国古典美学在历史发展中，形成一系列理论学说，如阴、阳、韵、气、神等的联系、区别与转化，构成古典美学的思想体系。武术的审美汲取中国古典美学的精粹，注重韵、意、形、阳刚、阴柔。

　1."天人合一"的武学思想包括哪几个方面？

2.武术的文化价值主要可以体现为＿＿＿、＿＿＿、＿＿＿、＿＿＿四个方面。

3.武术的四种主要传播方式？

4.武术审美的内涵＿＿＿、＿＿＿、＿＿＿、＿＿＿。

第三章
基本功和动作方法

【学习目标】

通过学习与锻炼，系统、准确地掌握武术基本功的训练方法与训练手段。培养自行学习的能力与自觉锻炼的习惯，认识到身体素质对武术训练的重要性。能够做到理论联系实际，全面提高武术专项身体素质。

【学习任务】

（1）掌握基本步型、步法的动作要领及训练方法。

（2）掌握基本手型、手法的动作要领及训练方法。

（3）掌握肩臂与腰的训练方法。

（4）掌握腿法与跌仆滚翻及练习方法。

（5）掌握跳跃与平衡及练习方法。

（6）掌握眼法与动作组合练习方法。

【学习地图】

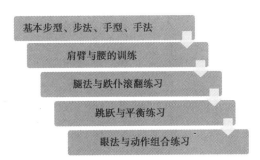

基本步型

步型练习主要是增进腿部的速度和力量，以提高两腿移动转换的灵活性和稳固性。

一、弓步

左脚向前一大步（约为本人脚长的4~5倍），脚尖微内扣，左腿屈膝半蹲（大腿接近水平），小腿与地面垂直。右腿挺膝伸直，脚尖内扣（约45°），两脚全脚掌着地。上体正对前方，眼向前平视，两拳抱于腰间（图3-1）。弓右腿为右弓步，弓左腿为左弓步。

要求与要点：前腿弓，后腿绷；挺胸、塌腰；前脚同后脚成一直线。

二、马步

两脚平行开立（约为本人脚长的3倍），脚尖正对前方，屈膝半蹲，膝部不超过脚尖。大腿接近水平，全脚着地，全身重心落于两脚之间，两手抱拳于腰间（图3-2）。

要求与要点：挺胸、塌腰、展髋、脚跟外蹬。

三、虚步

两脚前后开立，右脚外展约45°，屈膝半蹲。左脚脚跟离地，脚面绷平，脚尖稍内扣，虚点地面。膝微屈，重心落于后腿上。两手叉腰，眼向前平视（图3-3）。左脚在前为左虚步，右脚在前为右虚步。

要求与要点：挺胸、塌腰、虚实分明。

图 3-1　　　　　　　　　　图 3-2　　　　　　　　　　图 3-3

四、仆步

两脚左右开立，右腿屈膝全蹲，大腿和小腿靠紧，臀部接近小腿。右脚全脚着地，脚尖和膝关节外展，左腿挺直平仆，脚尖里扣，全脚着地。两手抱拳于腰间。眼向左方平视（图3-4）。仆左腿为左仆步，仆右腿为右仆步。

要求与要点：两脚全脚掌着地，仆步腿膝关节伸直。

五、歇步

靠拢全蹲，右脚全脚着地，脚尖外展。左脚前脚掌着地，膝部贴近右腿外侧，臀部坐于左腿接近脚跟处。两手抱拳于腰间。眼向右前方平视（图3-5）。左脚在前为左歇步，右脚在前为右歇步。

要求与要点：挺胸、塌腰，两腿靠拢并贴紧。

图 3-4   图 3-5

第二节　基本步法

步法练习主要是提升腿部的速度，发展两腿的灵活性。

一、盖步

预备姿势：两脚左右开立与肩同宽，两手叉腰（图3-6）。

动作说明：重心左移，右脚提起，经左脚前向左侧横迈一步，右腿屈膝，脚尖外展。两腿交叉，重心偏于右腿（图3-7）。练习时，可以左右交替进行。

要求与要点：横迈时动作要轻灵，步幅适中。

二、插步

预备姿势：与盖步同（图3-6）。

动作说明：重心左移，右脚提起，经左脚后向左侧横迈一步，脚前掌着地，两腿交叉（图3-7），重心偏于左腿（图3-8）。练习时，左右交替进行。

要求与要点：与盖步同。

图3-6　　　　　　　图3-7　　　　　　　图3-8

三、击步

预备姿势：两脚前后开立与肩同宽，两手叉腰（图3-9）。

动作说明：上体前倾，后脚离地提起，前脚随即蹬地前纵。在空中时，后脚向前碰击前脚。落地时，后脚先落，前脚后落。眼向前平视（图3-10、图3-11）。

要求与要点：跳起腾空时，要保持上体正直。

图3-9　　　　　　　图3-10　　　　　　　图3-11

四、垫步

预备姿势：与击步同（图3-9）。

动作说明：后脚离地提起，脚掌向前脚处落步，前脚立即以脚掌蹬地向前上跳起，将位置让与后脚，然后再屈膝提腿向前落步。眼向前平视（图3-12—图3-14）。

要求与要点：与击步同。

图 3-12   图 3-13   图 3-14

五、弧形步

预备姿势：与击步同（图3-9）。

动作说明：两腿略屈，两脚迅速连续向侧前方沿弧线行步。每步大小略比肩宽。眼向前平视。（图3-15、图3-16）。

要求与要点：挺胸、塌腰，保持半蹲姿势。身体重心要平稳，不要有起伏现象。落步时，由脚跟迅速过渡到全脚掌，并注意转腰。

图 3-15   图 3-16

手型是指武术中手的式样和类型。拳种不同,其手型也多有不同。长拳的基本手型包括拳、掌、勾。手法练习是运用拳、掌、勾等基本手型,结合上肢冲、架、推、亮等运动方法,练习上肢手法的基本规律。

(1)拳:四指并拢卷握,拇指紧扣食指和中指的第二指节,拳面平,手腕直(图3-17)。拳有平拳、立拳之分。拳心向下称为平拳,拳眼向上者称为立拳。

(2)掌:四指并拢伸直,拇指弯曲紧扣于虎口处(图3-18)。

(3)勾:五指指腹撮拢,指尖关节挺直,手腕勾屈(图3-19)。

图 3-17

图 3-18

图 3-19

>>【武林人物】

李存义(1847—1921年),原名存毅,字肃堂,后改名存义,字忠元。生于清道光二十七年(1847年),河北省深县南小营村人。少时家贫,以帮人赶车为生。及长,习长短拳技并周游各地。中年,师形意拳名家刘奇兰学艺。后至京与程廷华等为友,并兼从董海川习八卦掌。其八卦掌技艺多为程廷华所授。曾任两江总督督标把总,后至保定开设万通镖局,兼收徒授艺。

1900年,以53岁之龄,毅然投身义和团,手持单刀上阵,奋起抗击外敌,一时间"单刀李"之名,不胫而走。晚年弃镖行,专志授徒。宣统三年(1911年),与叶云表在津创办中华武士会。后任教上海精武体育会、南洋公学院(交通大学前身)等地。生前于北方武术界威望甚高。

1921年去世,终年74岁。著名弟子有郝恩光、尚云祥、黄柏年、马玉堂、李星阶、傅剑秋、田鸿业、薛颠等。

基本手法

一、冲拳

冲拳分平拳与立拳两种。平拳拳心向下,立拳拳眼向上。

预备姿势:两脚左右开立,与肩同宽,两拳抱于腰间,肘尖向后,拳心向上(图3-20)。

动作说明:挺胸、收腹、直腰,右拳从腰间向前猛力冲出,转腰、顺肩、在肘关节过腰后,右前臂内旋。力达拳面,臂要伸直,高与肩平,同时左肘向后牵拉(图3-21)。练习时,可左右交替进行。

要求与要点:出拳要快速有力,要有寸劲(即爆发力),做好拧腰、顺肩、急旋前臂的动作。侧冲拳、上冲拳要求相同,唯方向不同。

图 3-20　　　　　　　　　　　　　图 3-21

二、架拳

预备姿势:与冲拳同(图3-20)。

动作说明:右拳向下、向左、向上经头前向右上方划弧架起,拳眼向下,眼看左方(图3-22)。练习时,可左右交替进行。

要求与要点:松肩,肘微屈,前臂内旋。

三、劈拳

预备姿势:与冲拳同(图3-20)。

动作说明:右拳向左、向上经头上向右下快速劈击,臂伸直,高与肩平。眼看右方 (图3-23)。练习时,左右交替进行。

要求与要点:松肩,拳握紧,力达拳轮。抡拳时臂要抡成立圆,劈击。

图 3-22　　　　　　　　　　　　　　　图 3-23

四、撩拳

预备姿势: 与冲拳同, 唯两脚弓步站立 (图3-24)。

动作说明: 右拳由下向前上方弧形直臂撩击, 拳眼或拳心斜向上, 眼看右拳 (图3-25)。

要求与要点: 撩击速度要快, 力达拳眼。

图 3-24　　　　　　　　　　　　　　　图 3-25

五、贯拳

预备姿势: 同撩拳相同 (图3-26)。

动作说明: 右拳从体侧斜下方向体前上方弧形横击, 肘微屈, 拳心向下, 拳面向左。眼看右拳 (图3-27)。练习时, 左右交替进行。

要求与要点: 以腰带动手臂, 动作幅度要大, 力达拳面。

图 3-26　　　　　　　　　　　　　　　图 3-27

六、推掌

预备姿势: 与冲拳同(图3-20)。

动作说明: 右拳变掌, 前臂内旋, 并以掌根为力点向前猛力推击。推击时要转腰, 顺肩, 臂要伸直, 高与肩平。同时左肘向后牵拉(图3-28)。练习时, 可左右交替进行。

要求与要点: 挺胸、收腹、直腰。出掌要快速有力, 坐腕, 有寸劲。

七、亮掌

预备姿势: 与冲拳同(图3-20)。

动作说明: 右拳变掌, 经体侧向右、向上画弧, 至头部右前上方时, 抖腕亮掌, 臂成弧形。掌心朝侧上, 眼随右手动作转动。亮掌时, 注视左方(图3-29)。练习时, 可左右交替进行。

要求与要点: 抖腕、亮掌与转头要同时完成。

图 3-28   图 3-29

八、摆掌

预备姿势: 与冲拳同(图3-20)。

动作说明: 右拳变掌, 前臂内旋向右, 然后屈肘再向上, 向左, 经脸前坐腕, 摆至左胸前, 掌指向上, 掌心朝外。眼看左方(图3-30)。练习时, 左右交替进行。

要求与要点: 松肩、垂肘、坐腕、翘指。掌弧形摆动屈肘, 坐腕、翘指摆头动作要一气呵成。

图 3-30

一、肩臂练习

肩臂练习主要是增进肩关节韧带的柔韧性，加大肩关节的活动范围，发展臂部力量，提高上肢运动的敏捷、松长、转环等能力。主要练习方法有压肩、绕环、抢臂等。

（一）压肩

预备姿势：面对肋木（或一定高度的物体）站立，距离一大步，两脚左右分开，与肩同宽或稍宽。

动作说明：两手抓握肋木，上体前俯（挺胸、塌腰、收髋）并做下振压肩动作。利用肋木压肩时，也可由另一人骑坐在练习者背上，随着练习人的下振动作，有节奏地给以助力；也可以两人对面站立，互相扶按肩部，做体前屈的振动压肩动作（图3-31）。

要求与要点：两臂、两腿要伸直，振幅应逐步加大，压点集中于肩部。增加阻力时应由小到大。

（二）握棍转肩

预备姿势：并步站立，两手正握小棍于体前，两手相距一定距离。

动作说明：以肩关节为轴，两臂由体前经头顶绕至背后，然后再由背后一经头顶绕至体前（图3-32、图3-33）。

要求与要点：两臂始终保持直臂姿势，两手持棍的距离要保持不变。

图 3-31   图 3-32   图 3-33

（三）俯撑

预备姿势：两腿并拢伸直，两手距离同肩宽，手指朝前直臂撑地，成俯卧（图3-34）。

动作说明：臀部凸起，上体从前向后移动，随即两臂屈肘，上体从后向下、向前移动，至两臂伸直，然后再从前向上、向后移动（图3-35、图3-36）。

要求与要点：两腿必须始终伸直，上体贴近地面前移；身体前后移动幅度要大。初练时可慢些，以后逐渐加快练习速度。

图 3-34   图 3-35   图 3-36

（四）倒立

预备姿势：对墙前后站立（图3-37）。

动作说明：两臂伸直，两手距离同肩宽撑地，左腿蹬地，右腿摆动，靠墙做手倒立（图3-38）。初练时也可由助手帮助完成倒立。

要求与要点：挺胸、抬头、立腰，两腿并拢伸直；静止时间可逐渐增加，熟练后可不靠墙做。

图 3-37   图 3-38

（五）单臂绕环

预备姿势：成左弓步站立，左手按于左膝上（也可两脚开立，左手叉腰），右臂于体侧上举，掌心向内（图3-39）。

动作说明：右臂由上向后、向下、向前绕环，为向后绕环（图3-40、图3-41）；右臂由上向前、向下、向后绕环，为向前绕环。练习时，左右交替进行。做左臂绕环时，换右弓步站立。

要求与要点：臂伸直，肩放松，画立圆，逐渐加速。

注：绕环的方向以动作开始时的位置为准，如开始时臂向后运动即为向后绕环，开始时臂向前运动即为向前绕行。

图 3-39   图 3-40   图 3-41

二、腰的练习

腰是贯通上下肢体的枢纽，是较集中反映身法技巧的关键。俗话说："练拳不练腰，终究艺不高。"练腰的主要方法有俯腰和下腰两种。

（一）前俯腰

预备姿势：并步站立，两臂上举，两手手指交叉，手心朝上（图3-42）。

动作说明：上体前俯，两手尽量贴地（图3-43）。然后两手松开，抱住两脚跟腱，逐渐使胸部贴近腿部，持续一定的时间再起立（图3-44）。

要求与要点：两腿挺膝伸直，挺胸、塌腰、收腹，并向前折体。

图 3-42   图 3-43   图 3-44

（二）侧俯腰

预备姿势：并步站立，身体向左转体，两臂上举，两手手指交叉，手心朝上（图3-45）。

动作说明：上体向左侧下屈，两手掌心贴地。持续一定时间后，再起身做另一侧（图3-46）。

要求与要点：两腿挺膝伸直，两脚不能移动，上体尽量下屈。

图 3-45   图 3-46

（三）甩腰

预备姿势：开步站立，两臂上举，掌心向前（图3-47）。

动作说明：以腰、髋关节为轴，上体做前后屈和甩腰动作，两臂也跟着甩动，两腿伸直（图3-48、图3-49）。

要求与要点：前后甩腰速度要快，两腿保持直立姿势，动作紧凑而有弹性。

图 3-47   图 3-48   图 3-49

（四）下腰

预备姿势：两脚开立，略宽于肩，两臂自然下垂（图3-50）。

动作说明：两臂伸直上举，腰向后弯，抬头，挺腰，两手撑地呈桥形（图3-51）。

要求与要点：挺膝、挺髋，腰向上顶。桥弓要大，脚跟不得离地。

图 3-50   图 3-51

蹲墙功

蹲墙，又叫面壁蹲墙，原来是内家拳用来松腰的秘法，后来由气功、武术学者庞明先生传出。

蹲墙的健身原理是通过蹲墙对任督二脉的锻炼达到丹田气足圆活，尤其是对颈、胸、腰、骶、脊椎的伸拉、压缩，可牵扯到常常运动不到的肌肉、韧带、神经，从被动运动到主动运动，日久自然感应异常灵敏，从而使肌肉、骨骼坚韧有弹性。

中医认为，腰在人体中的地位非常重要，腰部放松、灵活，则气血流通。一方面，可增强肾的功能，使人元气充足，故古人有"命意源头在腰隙"之说；另一方面，可保证腰主宰一身活动的职能，故古人又有"力发于足，主宰于腰，行于四肢"的说法。

基本要领是：面壁而立，两脚并拢，重心落在前脚掌上，两手自然下垂，手心向内，周身中正，脚尖顶着墙根，会阴上提，两肩前扣，含胸收腹；全身放松，安静片刻，让思绪平和。然后腰向后放松，身体缓缓下蹲，下蹲时头不可后仰、不可倾斜，要放松地下蹲，腰后突下蹲。可守下丹田，肩部放松前扣（向墙的方向前扣）；尾闾前扣，命门后突。注意后背脊柱要一节节卷着柱逐节放松往下蹲，像猫一样，弓着后背下蹲，膝盖尽量不要超出脚尖等，同时注意全身放松，把注意力放在腰背部及尾闾部；彻底蹲下后尾闾可用力前扣一下，然后再缓缓上起；上起时，注意用百会上领，百会处好像有一根细线向上轻轻拽着脊柱逐节升起、抻动、拉直，如此为一次。练功时只要使精神专一于形体动作，使之合度即可，无其他特殊意念活动。初学者可以先在脚后跟垫本厚书，这样可降低蹲墙的难度。可以每天把书撕掉几页，渐至撕完，蹲墙就慢慢合度了。

诀云：

面壁蹲墙功法妙，能松四肢能松腰；首先组场开关窍，两眉外展面带笑。上提顶、尾不翘，命门后突裆要吊；预备活动先做好，事半功倍方有靠。开始练功把腰松，意注脊柱上下通；六种韧带神光照，八个窍点意念中。整个脊柱象气道，通天彻地至虚空；向下蹲，尾闾抻，百会上提莫放松。往上引，百会领，尾闾下坐根要生；上弹下落要收气，命门始终往后弓。天天引，勤做功，神清气爽乐融融；练完功，要收场，收收气，养一养；两脚轻轻离开墙，俯身躬腰松一松。转腰涮胯晃一晃，抖翎心宁四末齐，混元灵通长大功。

第六节 腿法与跌仆滚翻练习

一、腿法练习

腿法练习主要是发展腿部的柔韧性、灵活性和力量等素质。练习方法有压腿、搬腿、劈腿和踢腿等。

（一）正压腿

压腿的主要作用是拉长腿部的肌肉和韧带，加大髋关节的活动范围。

预备姿势：面对把杆、肋木或一定高度的物体，并步站立（图3-52）。

动作说明：左腿提起，脚跟放在肋木上，脚尖勾起，踝关节屈紧，两手扶按膝上。两腿伸直，立腰，收髋，上体前屈，并向前、向下做压振动作（图3-53）。练习时，左右腿交替进行。

要求与要点：直体向前、向下压振，逐渐加大振幅，先以前额、鼻尖触及脚尖，然后过渡到下颏触及脚尖。

图 3-52   图 3-53

（二）劈腿

劈腿主要是加大髋关节的活动幅度，增进腿部的柔韧性。劈腿练习可结合压腿和搬腿进行。

两手左右扶地或两臂侧平举，两腿前后分开成直线。左腿后侧着地，脚尖勾起。右腿的内侧或前侧着地（图3-54、图3-55）。

要求与要点：挺胸、立腰、沉髋、挺膝。

图 3-54   图 3-55

（三）控腿

控腿主要是发展腿部力量，提高腿支撑和上举的控制能力，练习方法有前控、侧控、后控三种。

1. 前控腿

预备姿势：右手扶肋木或一定高度的物体，左手叉腰，侧向并步站立（图3-56）。

动作说明：左腿屈膝前提，脚尖绷直或勾紧，徐徐向前上伸出（图3-57、图3-58）。练习时，左右交替进行。

要求与要点：挺胸、直背、挺膝。腿要缓缓伸出，伸出后要静止片刻再还原。控腿的高度可逐渐增高。

图 3-56   图 3-57   图 3-58

2. 侧控腿

预备姿势：右手扶肋木或一定高度的物体，左手叉腰，侧向并步站立（图3-59）。

动作说明：左腿屈膝侧提，脚尖绷直或勾紧，向外侧前上伸出（图3-60、图3-61）。练习时，左右交替进行。

要求与要点：同前控腿。

图 3-59 　　　　　　　　　图 3-60 　　　　　　　　　　　图 3-61

3. 后控腿

预备姿势：左手扶肋木或一定高度的物体，右手叉腰，侧向并步站立（图3-62）。

动作说明：右腿屈膝前提，脚尖绷直。向后上伸出（图3-63、图3-64）练习时，左右交替进行。

要求与要点：同前控腿。

图 3-62 　　　　　　　　　图 3-63 　　　　　　　　　　　图 3-64

（四）弹腿

预备姿势：两腿开立，两手叉腰。

动作说明：右腿屈膝提起，大腿与腰平，右脚绷直（图3-65）。弹出时，要迅速猛力挺膝，向前平踢（弹击），力达脚尖；大腿与小腿成一直线，高与腰平。左腿伸直或微屈支撑。两眼平视（图3-66）。

要求与要点：挺胸、立腰、脚面绷直、收髋。弹击要有寸劲（即爆发力）。

（五）蹬腿

预备姿势：与弹腿同。

动作说明：与弹踢同，唯脚尖勾起，力点达于脚跟（图3-65、图3-67）。

要求与要点：与弹腿同，唯强调勾脚尖。

图 3-65   图 3-66   图 3-67

（六）侧踹腿

预备姿势：右脚向左脚盖步，稍屈膝，两掌交叉，右掌在下，左掌在上，掌心向前。目视左前方（图3-68）。

动作说明：右腿伸直支撑，左腿屈膝提起，左脚里扣，脚跟用力向左侧上方踹出，高于肩平，上体向右侧倒，两掌向身体两侧推出，掌指向前。眼视左侧方（图3-69）。练习时，左右可交替进行。

要求与要点：挺膝、开髋、猛踹，脚外侧朝上，力达脚跟。

图 3-68   图 3-69

（七）扫腿

扫腿属于扫转性腿法，包括直身前扫腿和伏地后扫腿两种。

1. 直身前扫腿

预备姿势：左脚向右腿后插步，同时两手由下向左、向上、向右弧形摆掌。右臂伸直，高与肩平，成侧立掌；左掌附于右上臂内侧，掌指向上。目视右方（图3-70）。

上体左后转180°，左臂随体转向左后方平搂至体左侧，稍高于肩；右臂随体转自然平移至体右侧，掌心朝前，掌指朝右下方。重心坐于左腿，成右仆步（图3-71）。上体继续左转，左脚尖外撇。在左脚尖外撇的同时，左脚跟抬起，以左脚前掌碾地，右腿平铺，脚尖内扣，脚掌着地，直腿向前扫转一周（图3-72）。

动作要点：头部上顶，眼睛随体转平视前方，上体正直。在扫转时，始终保持右仆步姿势，保持身体重心平衡，右膝不要弯曲。

图 3-70　　　　　　　　　　图 3-71　　　　　　　　　　图 3-72

2. 伏地后扫腿

预备姿势：左脚向前开步，左腿屈膝半蹲；右腿挺胸伸直，成左弓步；同时两掌从腰侧向前平直推出，掌指朝上，小指一侧朝前。眼看两掌尖（图3-73）。

左脚尖内扣，左腿屈膝全蹲，成右仆步姿势；同时上体右转并前俯。两掌随体转在右膝内侧扶地，右手在前。随着两手撑地，上体向右后拧转的惯性力量，以左脚前掌为轴，右脚贴地向后扫转一周。左臂直臂向前推掌，掌心向前；右臂经头向上、向后摆动，右掌变勾手，勾尖朝下。目视左掌（图3-73—图3-75）。

要求与要点：转体、俯身、撑地用力要连贯紧凑，一气呵成，上下肢动作不能脱节。

图 3-73   图 3-74   图 3-75

二、跌仆滚翻练习

　　跌仆滚翻练习，对于培养前庭器官的稳定性，以及提高协调、灵巧、速度力量等素质，都起着良好的作用。

鲤鱼打挺

　　预备姿势：仰卧（图3-76）。

　　动作说明：屈体使两腿上摆，两手扶按两膝。两腿下打，挺腹，振摆而起（图3-77、图3-78）。

　　要求与要点：鲤鱼打挺时身体要折叠，腿的振摆要快速有力，两脚落地时不得超过肩宽。

图 3-76   图 3-77   图 3-78

　　武术基本功是发展武术专项身体素质, 进一步学习武术套路、格斗实践, 提高运动水平的基础。基本动作, 是指武术各项目中, 简单的、不可缺少的、典型的各种动作, 是发展高难度动作的基础, 并对学习同类动作起着重要引导作用。

　　本章对武术的手形手法、步型步法、腿法、跳跃、平衡、跌扑滚翻等基本动作以及动作组合进行了详细的介绍, 并对拳术和不同器械动作组合练习过程中的练习技巧进行了阐述。

【回顾与练习】　1.请写出五种武术运动中的基本步型 ____、____、____、____和 ____。

2.请写出至少五种武术运动中的基本手法 ____、____、____、____和 _____。

3.请结合动作练习, 简单说明武术基本动作 "鲤鱼打挺" 的动作要点。

【推荐阅读】　《武术运动基本训练》, 上海教育出版社

　　本书从基本功入手, 主要包括腿部、腰部、裆部、桩功等训练。在基本功之后, 介绍了基本动作训练、基本拳术训练和基本技法。最后附有人体肌肉图, 让习练者了解人体的肌肉结构, 从而在练习过程中更加科学、有效。

第四章
武术学习与竞赛

【学习目标】

充分了解武术教学的特点，掌握武术教学原则及不同的武术教学方法并灵活运用到实际活动中；了解武术套路比赛、散打比赛、武术功力比赛的竞赛规则、组织工作流程、每个裁判的工作职能、场地要求及其运动员分组等比赛相关事宜。

【学习任务】

（1）了解武术教学的特点并熟练掌握运用教学原则及方法。

（2）熟练掌握武术套路竞赛规则及裁判法。

（3）熟练掌握散打竞赛规则及裁判法。

（4）熟练掌握武术功力竞赛规则及裁判法。

【学习地图】

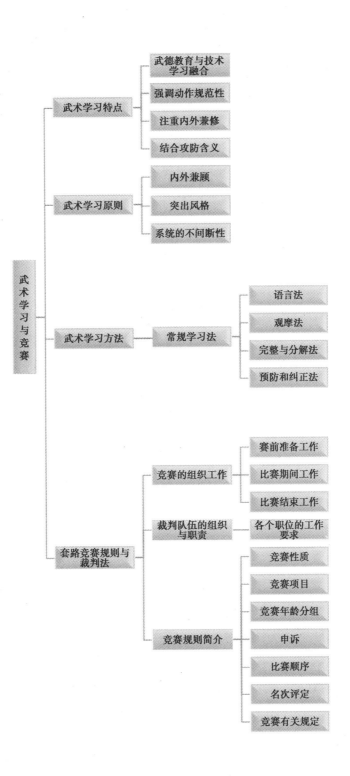

武术学习的特点

体育教学是学生在教师的指导下，掌握体育知识、技术和技能，养成良好体育锻炼习惯，从而促进学生身体、心理和社会适应能力健康发展的教育活动。武术套路教学具有体育教学的一般特点，即教师明确地、有计划地向学生传授各种技术与技能，使学生通过身体反复练习与思维活动相结合，掌握这些技术与技能，达到锻炼身体、增强体质的目的。但是，武术套路作为一种特殊的体育运动，其学习也具有相对独立的特点。

一、讲求武德学习与技术学习的融合

武术除了具有一般体育的健身功能外，本身也是一种特殊的教育手段。武术长期受到以儒家伦理道德为核心的社会文化体系的熏陶和影响，武术本身维护着最本源的文化信仰和天人合一的文化生态系统，它所包含的文化多样性和文化记忆的丰厚深刻性，远远超过了外人对它的界定（一种体育）。武德是一个习武者必须遵守的道德规范，强调习武要"仁爱""守礼""信义""谦让"，讲求人与人之间要相互宽厚、包容，以求人际和谐。在当代和谐社会的目标下，武德中丰富的精神内涵更是得到进一步发扬，尊师爱友、诚实守信、见义勇为等品德，已成为构筑社会主义精神文明的重要元素，武德作为中华民族传统美德的重要组成部分，无疑应予以继承和发扬。千百年来，武术与武德相伴而行，习武者依其修养身心、规范举止、品评善恶。武术学习与武德学习历来就水乳交融，两者互为依存和促进。如今，我们更要注重武德学习与技术学习的有机融合，通过武礼、武技、武理等方式将武德渗透于武术套路学习的全过程，以成为武德高尚、武艺精湛的新时代武术人才为目标，为弘扬民族精神和社会主义精神文明建设作出贡献。

二、注重动作规范性，突出不同项目的风格与特色

在武术套路学习中，注重动作的规范性应作为学生学习的首要条件。武术套路内容丰富，各个项目独具特色。因此，在学习过程中，必须掌握动作的规范性，避免因动作的不规范而造成无项目特色的缺憾。如武术套路中少林拳与太极拳项目的运动特点就各有不同：少林拳要求刚健有力、动作迅猛，即所谓"起手连珠炮，拳打一气连"；而太极拳则讲求柔和缓慢、绵绵不断。因此，在练习中，注重动作的规范性，突出不同项目的风格与特色，是学习、掌握和领悟武术套路的又一学习特点。

三、以模仿为主，注重内外兼修

武术套路项目繁多，内容丰富，特点也不尽相同。套路方向路线变化多、往返折叠。学生可以通过教师直观、形象地演示建立动作的表象，在反复模仿练习的基础上，能够较快地掌握动作，进而完成对组合动作或套路的学习。同时，武术套路具有鲜明的"内外合一"的特点，不仅强调手、眼、身、步等外在形体活动，也注重精神、心志、意向等内在的心智活动和气息的运行。

四、结合攻防含义进行练习

攻防意识是武术区别于其他运动项目的鲜明标志。无论何时，攻防技击含义、内外兼修，始终是武术经久不衰的生命线。武术套路的学习与练习都必须以体现武术的本质特征为前提，失去了武术的技击含义，丢掉了武术所特有的精、气、神，再精美的动作也会失去武术的精髓，而不能称其为武术。因此，在武术套路的学习过程中，应注意老师结合武术动作攻防含义进行的讲解示范，了解动作的攻防意义，加深对动作的理解，提高学习武术的兴趣，力求正确掌握动作。

第二节 武术学习的原则

武术自身所蕴含的中国传统文化，不可避免地使武术有别于其他的体育项目，因此，武术学习除遵循体育运动训练的一般原则以外，还有其自身的原则。

一、内外兼顾原则

内外兼顾原则指在运动训练中，运动员要注重外形动作的表现与内在气质结合的特点，达到神形兼备、内外统一的训练目的。武术是一种特殊的体育运动，具有鲜明的"内外合一"的特点，不仅强调手、眼、身、步等外在形体活动，也注重精神、心志、意向等内在的心智活动和气息的运行。通过武术动作的表现，反映武术的劲力意识、攻守意识、运动节奏和风骨神韵，内与外，形与神是相互联系的统一整体。无论武术动作姿势做得如何工整端直，但只求"形似"还不能称之为真正的武术。因此，在训练时要注重外在形与内在神的统一，做到两者兼顾。

二、突出风格原则

武术是一种隐含艺术的体育运动，如武术套路长拳的舒展大方、刀的勇猛泼辣、剑的轻快潇洒、太极拳的稳重柔和、少林拳的刚健有力等，不同的运动项目都有其显著的风格特点。无论是表现雄浑、奔放的阳刚之美，还是体现含意绵绵、烟云舒卷般的阴柔之美，都应该风格突出，给人以鲜明的印象和强烈的感染力。

武术学习中不仅要表现出不同武术项目的风格特点，还必须从自己的个体特征出发。每个人的身体形态、训练水平、技术风格均有差异性。所以套路风格要与自身风格相互融合，在训练时要根据自身的特点确定套路动作，以凸显个性魅力。例如，弹跳力好、灵活性强的运动员就要以跳跃、技巧性动作为优势进行展示，而柔韧性好的运动员应在腿法与平衡动作方面独占风采。总之，武术动作的演练要与运动员的技术特长相融合，扬长避短，形成运动员独具特色的技术风格。

三、系统的不间断性原则

系统的不间断性原则是指，训练全过程从初期训练到出现优异运动成绩，直至运动寿命的终结，都应按照一定的顺序，持续地进行训练。

武术的技术有其本身的内在联系和各自的体系，技术水平的提高不是一朝一夕就能完成的，而是逐渐由低到高的渐进积累的过程。运动员掌握的技术实质上是暂时性神经联系的建立，是条件反射、动力定型的形成，训练中断就会使建立起的暂时性神经联系逐步减弱中断，条件反射消退，已掌握了的技术、战术就会生疏，以致产生各种错误。只有通过系统、持续地训练，运动员的训练水平，才能逐渐得到提高和巩固。因此，贯彻系统的不间断性原则，是提高运动员竞技能力和获得优异成绩的保证。

第三节 武术学习方法

武术学习方法是指在武术套路学习过程中为实现学习目的、完成学习任务而采取的活动方式的总称。它是指学生在教师教学引导下，掌握武术套路的基本技能，获得身心发展的方法。常规的武术套路学习法主要包括学习中常用的语言法、观摩法、完整法、分解法和纠正法等。

一、语言法

语言法是学习过程中，学生通过教师各种表达方式的语言教学，掌握学习内容和进行练习的一种方法。教师和学生之间的大量信息传递是靠语言来完成的。因此，语言法是武术套路学习中广泛被运用的方法之一，主要形式有默念和自我暗示等。

二、观摩法

观摩法是指在体育学习中通过一定的直观方式,借助视觉、听觉、触觉和肌肉本体感觉等感觉器官来感知动作形象、结构、要领、完成方法以及时间与空间等,从而建立正确的动作表象的一种方法。武术套路学习中常用的观摩法包括观看动作示范、多媒体等。

(一)观看动作示范

动作示范是教师(或指定的学生)以具体的动作为范例,使学生了解所学习动作的形象、结构、技术要领和方法,指导学生进行学练的方法,是武术教学中常用的直观方法。武术套路内容丰富,各个项目的技术动作也较复杂。如武术套路的教学,一套徒手套路的组成就有几十个动作,而且每个动作又包含有许多个分解动作。因此,通过观看示范把所学的内容变为直观的形象,教师做一个正确的动作示范,学生马上就能对所学的动作进行模仿练习,便于学生建立动作的表象。同时,高质量的动作示范,不仅能使学生从直观的感性认识获得正确的动作全貌,形成完整的概念,而且还能激发学生建立学习和练习的兴趣。

动作示范是一种非常重要的教学方法,因此,为了突出示范的目的,取得更好的效果,进行动作示范时应注意示范位置的选择、示范与讲解和启发的有机结合、示范面的运用和领做示范等。教师示范位置的选择应根据学生的人数和队形来决定,以尽量让全体学生看得见为原则;教学中经常采用的示范面有正面、背面、侧面和镜面四种;教师可以根据动作的难易程度选择慢速示范、常速示范和快速示范三种示范速度;同时教师要将示范和讲解有机地结合起来,武术教学多采用边讲解、边示范,先讲解、后示范或先示范、后讲解的教学方法。

(二)教具或模型演示

教具或模型演示是指学习中利用挂图、图表、照片及其他学习工具等直观方式再现动作的方式。它可以使学生生动、具体地了解动作的形象、技术结构和细节以及动作技术的完成过程。如武术教学中的"旋子转体720°"和"空翻转体"等高难度动作,示范难以充分显示动作的结构、过程、重点时,就可以采用挂图、照片等学习工具演示进行学习。在采用这种学习方法时,要有明确的目的性,并注意演示的时间和顺序。

(三)多媒体演示法

多媒体演示法是以现代媒介为手段,使学生获得生动的感知和提高积极性的一种现代学习模式。随着科学技术的快速发展,以多媒体和网络等手段与途径的辅助学习已经广泛应用于体育学习中。借助多媒体教学可以完整、准确地再现和重复动作,同时对一些复杂的技术动作,可以采取慢放,甚至定格于某个环节,使学生更加生动、深刻地认识动作结构和掌握技术特点。通过多媒体学习,不仅改变了学生被动接收信息的模式,而且对于调动学生的积极性和主动性,提高学习质量有积极的作用。

三、完整与分解学习法

完整与分解学习法是体育学习中常用的方法，它既是教师教授动作技术的教学方法，也是学生学习和掌握动作技术的练习方法。

（一）完整法

完整法是指从动作的开始到动作结束，不分部分和段落，完整地传授动作和技术的一种方法。完整法便于学生完整地掌握动作，不至于破坏动作技术之间的内在联系，易于形成动作的整体概念。其不足之处是影响学生对复杂动作中要素和环节的掌握。完整法一般在动作比较简单，容易掌握的情况下，或者动作比较复杂、难度较大，但是又不易分解进行学习的情况下采用。如"马步冲拳""并步推掌"等动作，结构相对简单，可以采用完整学习法。

（二）分解法

分解法是将一个完整的动作技术，合理地分成几个部分或几段，按部分逐次、逐段进行学习，最后完整地掌握动作技术的一种方法。分解法有利于简化教学过程，减低学生对难度动作的学习，提高学生的自信心，从而使学生较快地掌握动作技术。但是采用分解法容易割裂动作技术，破坏动作的结构，影响正确动作的形成。分解法一般是在动作技术较为复杂，或是对动作技术的某一环节需要着重说明的情况下采用，如长拳中的"虚步亮掌"动作，要求虚步脚尖的虚点地、摆头以及抖腕亮掌动作同时完成，上下肢协调配合，学生往往很难掌握，而采用分解法对手脚的动作分别进行教学，则可以使学生更快地掌握技术动作。

完整法与分解法虽然是两种不同的学习方法，但是在学习过程中往往是紧密配合的，在实际学习中一般采用完整—分解—完整的方法，使学生既掌握动作的细节，又掌握动作的全貌。

四、预防和纠正法

预防和纠正法是针对学生练习中产生或可能产生错误动作的原因，教师选择有效的手段及时纠正的方法。预防和纠正法包括错误动作的预防和纠正两个方面。在武术套路教学中，学生由于各自的基础程度、接受能力等因素有所不同，学习过程中会出现不同的错误，因此教师应主动、深入地预见学生可能出现的障碍和错误，而采取一系列针对性的有效手段。纠正错误具有改造性，是教师对学生学习动作过程所表现出的错误进行及时、准确地纠正。及时地预防和纠正动作错误是学生正确掌握技术动作的保证。此外，教师应善于观察和发现学生的错误动作，抓住主要的错误，及时分析产生错误的原因，给予热情和耐心的指导，帮助学生纠正动作错误。

>>【推荐阅读】

《中国武术教程》（上册），中国武术教程编写委员会，人民体育出版社

《中国武术教程》是根据全国体育院校教材建设的总体目标，即逐步建立适应培养社会主义现代化建设者和接班人，面向21世纪能反映当代体育科学技术水平，具有中国特色的体育教材体系的精神组织编写的。这本教材从武术运动发展的时代要求和教学实践出发，着重于学生专业素质教育和能力培养，努力体现出时代性、实践性、科学性和系统性，以图全面地反映我国武术运动教学训练的理论与实践。

套路竞赛规则与裁判法

一、武术套路竞赛的组织工作

武术套路比赛的组织是一项复杂而细致的工作,竞赛组织水平的高低,不仅直接影响到比赛能否顺利进行,而且还会影响到运动员技术水平的发挥。因此,要依据武术套路比赛的任务、性质进行周密计划,以确保比赛有序进行。无论武术套路比赛规模大小,都包括赛前准备工作、比赛期间的主要工作和比赛结束的主要工作三个阶段,以及裁判队伍的组织等方面的工作。

（一）赛前准备工作

武术套路比赛的准备工作是一个制订计划并准备实施计划的过程。此过程是从成立筹备小组(或筹备委员会)到运动员报名为止。赛前准备阶段的主要工作包括讨论和确定组织方案、制订竞赛规程、成立组织机构、拟定各项规划等。

1. 确定竞赛的组织方案

（1）明确比赛名称和任务。根据比赛的性质、时间等因素确定比赛名称,明确比赛的目的任务。

（2）确定比赛规模。根据比赛的任务,确定比赛规模,要求宜精不宜大。一般基层的武术套路比赛规模较小、形式灵活。

（3）拟订组织机构。本着精简的原则,拟订组织机构和工作人员的数量。组织机构必须有明确的分工,在组织委员会的领导下密切配合,以利于竞赛组织工作有计划、协调地进行。

2. 制订竞赛规程

竞赛规程是整个比赛的工作依据,是竞赛组织者和参加者的指导性文件。竞赛规则是根据竞赛计划,并结合比赛的规模、目的、任务而制订,并提前发给有关单位,以便各单位作好准备。竞赛规程应包括以下内容:

（1）竞赛名称。

（2）目的任务。

（3）竞赛日期和地点。

（4）竞赛项目。

（5）参加单位。

（6）参加办法。

（7）竞赛办法。

（8）录取名次与奖励。

（9）报名和报到。

（10）裁判员与仲裁委员会。

（11）注意事项或未尽事宜。

（12）本规程解释权的归属单位。

（13）以上各项，可根据竞赛实际情况酌情增减。

3. 成立组织机构

建立比赛组织委员会，承接运动会的组织管理工作。组织委员会（简称组委会）是负责整个竞赛工作的临时领导机构，通常是在竞赛主办单位的领导下，由各方面代表组成，决定大会的组织方案，指导大会竞赛工作。组委会的建立，要与竞赛规模相适应，规模小的比赛应以完成各项任务为准，尽量精简组织机构。组委会下设秘书、竞赛、裁判等处（或组）。

（1）秘书处（或办公室）。主要负责竞赛的宣传教育，安排各项活动、经费预算、生活管理、医疗卫生、安全保卫，组织观众、开幕式与闭幕式等工作。秘书处下设宣传组、后勤组、接待组、保卫组、医务组等具体工作室，各有职责，协调配合，为大会服务。

（2）竞赛处。负责人由主管部门分管竞赛工作的领导担任，会同总裁判长、裁判长具体负责大会的竞赛工作，确保竞赛工作顺利进行。其具体任务是拟定比赛日程、编排竞赛程序、公布比赛成绩、组织裁判人员学习、召集领队与教练员会议、宣布竞赛有关事宜。

（3）竞赛监督委员会。竞赛监督委员会为竞赛的监督机构。负责监督和检查仲裁委员会、裁判人员的工作以及参赛运动队的比赛行为，有权对违纪的仲裁人员、裁判人员和运动队的相关人员作出处罚。

竞赛监督委员会不直接参与仲裁委员会和裁判人员职责范围内的工作，不干涉仲裁委员会、裁判人员正确履行自己的职责，不介入裁决结果的纠纷，不改变裁判人员、仲裁委员会的裁决结果。

（4）仲裁委员会。仲裁委员会由主任、副主任、委员3~5人组成。其职责主要是接受运动队的申诉，并及时作出裁决，但不改变裁判结果。仲裁委员会会议出席人员必须超过半数，表决时超过半数以上作出的决定方为有效。表决投票相等时，仲裁委员会主任有决定权。仲裁委员会成员不参加本人所在单位有牵连问题的讨论与表决。仲裁委员会的裁决为最终裁决。

（5）裁判组。由总裁判长、裁判长、裁判员若干人组成，负责大会竞赛期间的裁判工作。

（二）比赛期间的主要工作

1. 组织召开裁判员会、领队会和教练员会

运动队报到后，竞赛部门应组织召开全体裁判员会、领队会和教练员会，并安排好各运动队的赛前训练工作。

（1）裁判员会。强调裁判员在竞赛中的重要作用，要求裁判员按照公正、公开、公平的原则进行工作，组织裁判员进行裁判规则的学习，安排裁判员的实习及各项分工。

（2）领队会。主要介绍筹备工作情况，提出思想教育、安全保卫等方面的要求；传达组委会的有关规定，明确竞赛规程中的相关规定，安排评选体育道德风尚等事宜；宣布竞赛日程安排和重大活动安排。

（3）教练员会。强调运动员资格审查和体育道德风尚；宣布竞赛日程安排；对比赛过程中裁判员执行工作的相关技术问题进行说明；阐明向仲裁委员会提出申请的制度和办法。

各职能部门通过运动员训练、裁判员实习，对前期准备工作进行补充和完善，为正常比赛做好各项工作。

2. 竞赛期间的工作

（1）组织开幕式。开幕式一般包括以下几个环节：主持人宣布大会开始，裁判员、运动员入场，升国旗、奏国歌，领导致开幕词，裁判员、运动员代表讲话，裁判员、运动员退场，文艺演出，宣布开幕式结束。

（2）竞赛时间和场地。严格按照竞赛计划进行比赛，防止比赛脱节现象；对比赛场地、设备与器械进行认真检查，确保比赛的顺利进行。

（3）加强裁判队伍管理。严格管理裁判员队伍，保证其公平、准确地做好裁判工作；及时处理赛场上出现的各项争执，必要时由仲裁委员会裁决。

（4）准确及时宣布成绩。各项技术统计数据要在比赛当天完成，及时准确进行成绩的记录与公布，并配合新闻媒体做好比赛的宣传工作。

（5）相关部门各司其职。秘书处要经常与各队取得联系，定期召集领队或其他会议人，及时处理有关问题。总务组、医务组、治保组等部门应各司其职，保证比赛的顺利进行。

（6）组织闭幕式。闭幕式一般与发奖仪式同时进行。一般程序如下：运动员、裁判员入场，总裁判长宣布比赛结果，发奖，致闭幕词，进行文艺演出。

（三）比赛结束的主要工作

比赛结束的主要工作包括以下几个方面：组织领队、教练员、运动员和裁判员进行经验交流，做好各部门的总结；安排和办理各队离开赛区的有关事宜；进行财务结算；及时编制和印发比赛成绩册；向新闻媒体发布运动竞赛的有关情况。

▌▌ 二、裁判队伍的组织与职责

武术套路比赛的裁判队伍通常由总裁判长、裁判长和裁判员等组成，他们分工合作、各司其职，以保证比赛的正常进行。他们的主要职责如下：

（一）总裁判长的基本职责

（1）组织领导各裁判组的工作，保证竞赛规则的执行，检查落实赛前各项准备工作。

（2）解释规则，但无权修改规则。

（3）在比赛过程中，根据比赛需要可调动裁判人员的工作，裁判人员发生严重错误时有权处理。

（4）审核并宣布成绩，作好裁判工作总结。

（二）副总裁判长基本职责

（1）协助总裁判长的工作。

（2）在总裁判长缺席时，代行其职责。

（三）裁判长的职责

（1）组织本裁判组的业务学习和实施裁判工作。

（2）参与B组裁判的评分，并负责运动员比赛套路创新难度的加分。

（3）执行比赛中对套路时间不足或超出规定的扣分。

（4）裁判员发生严重的评判错误时，可向总裁判长建议给予相应的处理。

（四）副裁判长的职责

（1）协助裁判长进行工作。

（2）第一副裁判长参与A组裁判的评分。

（3）第二副裁判长参与C组裁判的评分。

（五）裁判员的职责

（1）服从裁判长的领导，参加裁判学习，做好准备工作。

（2）认真执行规则，独立进行评分，并作详细记录。

（3）A组裁判员负责运动员整套动作质量的评分。

（4）B组裁判员负责运动员整套演练水平的评分。

（5）C组裁判员负责运动员整套难度的评分。

（六）编排组的职责

1. 做好竞赛报名审查、统计工作

编排工作要严格按照竞赛规程有关规定，对各参赛单位报名表、套路难度登记表进行仔细审核，审核各运动队报名人数是否符合规定，运动员是否符合参赛资格，报送的参赛项目是否按规定进行填报。审核完毕后，对各参赛队的男、女运动员人数以及各参赛项目所参加的人数进行分类统计。

2. 编排竞赛程序

根据统计结果，依据比赛的天数及场次制订比赛日程表，将竞赛项目合理安排在每一个场次的场地中。日程表的安排要遵循规程规定的原则，同时各项竞赛时间要紧凑，各项目的交叉、衔接要合理，以保证整个竞赛活动的顺利进行。确定竞赛日程后，要认真进行检查校对，防止出现遗漏重复等现象。如发现不符合原则或不合理处，应及时进行调整。

3. 编印秩序册

按照大会规定时间和参赛规模编印大会竞赛秩序册。秩序册主要内容包括以下几点：比赛名称，举办年月、地点及举办、承办单位；竞赛规程总则和补充规定；组委会，大会各部、室人员名单，各单项竞委会及仲裁委员会主任和裁判员名单，各代表团负责人名单；竞赛日程表；各单项竞赛规程。

4. 做好各项记录工作

提前准备好比赛所需表格，每场比赛结束后应及时收回有裁判长与记录员签名的成绩记录

表,审查核实比赛成绩及排列名次。比赛结束后,及时做好单项、全能和团体名次的录取工作,并经总裁判长签名后交竞赛处印刷成绩册。

(七) 检录组的职责

检录工作在检录长领导下进行。根据比赛顺序及时进行检录,并检查运动员器械、服装,将比赛运动员带入场后,向裁判长递交检录表。

三、武术套路竞赛规则简介

(一) 竞赛性质

按竞赛类型分为: 个人赛、团体赛; 按年龄分为: 成年赛、青少年赛和儿童赛。

(二) 竞赛项目

①长拳。②太极拳。③南拳。④剑术。⑤刀术。⑥枪术。⑦棍术。⑧太极剑。⑨南刀。⑩南棍。⑪传统拳术: 除规则规定的自选拳术内容以外的拳术, 如第一类: 形意、八卦、八级; 第二类: 通臂、劈挂、翻子; 第三类: 地躺、象形等; 第四类: 查、花、炮、红、华拳、少林拳等。⑫传统器械: 除规则规定的自选器械内容以外的器械项目, 如第一类: 单器械; 第二类: 双器械; 第三类: 软器械。⑬对练项目: 徒手对练、器械对练、徒手与器械对练。⑭集体项目。

(三) 竞赛年龄分组

(1) 成年组: 18周岁(含18周岁)以上。

(2) 青少年组: 12周岁至17周岁。

(3) 儿童组: 不满12周岁。

(四) 申诉

(1) 仲裁委员会受理比赛过程中对执行规程、规则有争议的申诉。

(2) 范围仅限于对难度评分和裁判长扣分。

(3) 申诉程序:

参赛队如果对裁判评判本队结果有异议, 必须在该场该项比赛结束后15分钟内, 由该队领队或教练向仲裁委员会以书面的形式提出申诉, 同时交付1 000元申诉费。一次申诉仅限一个内容。

仲裁委员会依据申诉内容进行认真审议, 查看仲裁录像, 如裁判评判正确, 提出申诉的运动队必须坚决服从。如果因不服而无理纠缠, 根据情节轻重, 可由仲裁委员会建议竞赛监督委员会给予严肃处理, 直至取消比赛成绩。如判定属于裁判评判错误, 仲裁委员会提出申请由竞赛监督委员会对错判的裁判进行处理, 退回申诉费。裁决结果应及时通知有关各方。

(五) 比赛顺序的确定

在竞赛监督委员会和总裁判长的监督下, 由编排记录组抽签决定比赛顺序。如有预、决赛的比赛，其决赛的出场顺序，则应按预赛成绩的高低，由低到高确定比赛顺序。如预赛排名相同，则抽签决定。

（六）礼仪、计时、示分、弃权与兴奋剂检测

运动员听到上场点名时和完成比赛套路后，应向裁判长行抱拳礼；运动员由静止姿势开始动作，计时开始；运动员结束全套动作后并步站立，计时结束；运动员的比赛结束，公开示分；运动员不能按时参加检录与比赛，则按弃权论处；根据国际奥林匹克宪章的规定和国际奥委会的有关要求，进行兴奋剂检测。

（七）名次评定

（1）个人单项（含对练）名次。按比赛的成绩高低排列名次。得分最高者为该单项的第一名，次高者为第二名，以此类推。

（2）个人全能名次。按各单项得分总和的多少进行评定，得分最多者为全能第一名，次多者为第二名，以此类推。

（3）集体项目名次。得分最多者为该项的第一名，次多者为第二名，以此类推。

（4）团体名次。根据竞赛规程关于团体名次的确定办法进行评定。

（八）得分相等的处理

（1）个人项目（含对练）得分相等的处理：

①以难度分高者列前。

②以完成高等级难度数量多者列前。

③如仍相等，以演练水平分高者列前。

④如仍相等，以演练水平扣分少者列前。

⑤如仍相等，以动作质量扣分少者列前。

⑥如仍相等，名次并列。

⑦如有预赛、决赛成绩相等时，以预赛成绩高者列前。若再相等，则以决赛成绩按上述几条区分名次。

（2）个人全能得分相等时，以比赛中获单项第一名多者列前；如仍相等，则以获得第二名多者列前，以此类推；如获得所有名次均相等，则并列。

（3）集体项目得分相等时，按个人项目第3，4，5，6条办法确定名次。

（4）团体总分相等时，以全队获得单项第一名多者列前；如仍相等，则以获得第二名多者列前，以此类推；如获得单项名次均相等，则并列。

（九）竞赛有关规定

1. 难度填报

参赛运动员必须根据竞赛规则和规程要求选择难度和必选主要动作，于赛前20天在规定网站填报"武术套路难度及必选动作申报表"，并确认打印，签字、盖章后寄往赛会（以到达邮戳

为准）。

2. 套路完成时间

（1）长拳、南拳、刀术、剑术、棍术、枪术、南刀、南棍套路：成年人不少于1分20秒；青少年（含儿童）不得少于1分10秒。

（2）太极拳、太极剑自选套路为3~4分钟；太极拳规定套路为5~6分钟。

（3）对练不得少于50秒。

（4）集体项目为3~4分钟。

（5）传统项目，单练不得少于1分钟。

3. 比赛音乐

规程规定的配乐项目必须在音乐（不带歌词）伴奏下进行，音乐可以根据套路的编排自行选择。

4. 比赛服装

裁判员应穿统一的服装，佩戴裁判等级标志；运动员应穿武术比赛服装。

5. 竞赛场地

个人项目的场地为长14米，宽8米，其周围至少有2米宽的安全区。

集体项目的场地为长16米，宽14米，其周围至少有1米宽的安全区。

场地四周内沿，应标明5厘米宽的白色边线；场地的地面空间高度不少于8米；两个比赛场地之间的距离6米以上；根据实际情况，比赛场地应高出地面50~60厘米；场地灯光垂直照度和水平照度在规定范围之内。

6. 比赛器械

必须使用国家体育总局武术运动管理中心指定的器械。

7. 比赛设备

大型比赛必须配备摄像机4台，放像设备3台，电视机3台，以及全套电子评分系统和音响系统。

（十）评分方法与标准

1. 自选项目（长拳、太极拳、南拳、刀术、剑术、棍术、枪术）的评分方法与标准

（1）评分方法：

①由评判动作质量（A组）的裁判员3~4名（含第一副裁判长）、评判演练水平（B组）的裁判员4名（含裁判长）、评判难度（C组）的裁判员3~4名（含第二副裁判长）组成。

②各项比赛的满分为10分。其中动作质量的分值为5分，演练水平的分值为3分，难度的分值为2分。

③A组裁判员根据运动员现场完成动作的质量，用动作质量的分值减去各种动作规格错误和其他错误的扣分，即为运动员的动作质量分。

④B组中由2名裁判员按照套路动作劲力、节奏及音乐的要求整体评判后确定的等级平均分数减去另外2名裁判员对套路编排错误的扣分，即为运动员的演练水平分。

⑤C组裁判员根据运动员现场整套难度完成的情况，按照各项目动作难度和连接难度的加分标准，确定运动员现场完成动作难度、连接难度的累计分，即运动员的难度分。

（2）评分标准：

①动作质量的评分标准。运动员现场完成套路时，动作规格和要求不符，每出现一次扣0.1分，其他错误每出现一次扣0.1~0.3分。

②演练水平和编排的评分标准。演练水平的评分标准：劲力、节奏、音乐的评分标准分为3档9个分数段，其中很好为3.00~2.51分，一般为2.50~1.91分，较差为1.90~1.01分。凡劲力充足、用力顺达、力点准确、节奏分明、动作与音乐和谐一致者为"很好"，凡劲力较充足、用力较顺达、力点较准确、节奏较分明、动作与音乐较和谐一致者为"一般"，凡劲力不充足、用力不顺达、力点不准确、节奏不分明、动作与音乐不和谐一致者为"较差"。

编排的评分标准：运动员现场完成套路时，必选的主要动作每缺少一个扣0.2分；套路的结构、布局与要求不符者，每出现一次扣0.1分。

③难度的评分标准。动作难度（1.4分）：根据各项目"动作难度等级内容及分值确定表"，每完成一个A级动作可获得0.2的加分，每完成一个B级动作可获得0.3的加分，每完成一个C级动作可获得0.4的加分。每种动作难度的加分只计算一次，动作难度加分的累计中，如超过了1.4分，则按1.4分计算。运动员现场所做的动作难度不符合规定要求，则不计算动作难度加分。

连接难度（0.6分）：根据各项目"连接难度等级内容及分值确定表"，每完成一个A级连接可获得0.05的加分，每完成一个B级连接可获得0.1的加分，每完成一个C级连接可获得0.15的加分，每完成一个D级连接可获得0.2的加分。每种连接难度的加分只能计算一次，连接难度加分的累计中，如超过了0.6分，则按0.6分计算。运动员现场完成的连接难度不符合规定要求，则不计算连接难度加分。

创新难度加分：现场成功完成被确认的创新难度，则由裁判长按加分标准给予加分。其标准为完成一个创新的B级动作难度（含连接难度）加0.2分，完成一个创新的C级动作难度（含连接难度）加0.3分，完成一个创新的超C级动作难度加0.4分。由于失败或与鉴定确认的动作难度不符，不予加分。

2. 对练、传统拳术、传统器械、集体项目、无动作难度组别要求的竞赛项目评分方法与标准

（1）评分方法：

①评分裁判员由评判动作质量分的裁判员3~4名（A组）、评判演练水平分的裁判员3~4名（B组）组成。

②各项比赛的满分为10分。其中动作质量的分值为5分，演练水平的分值为5分。

③A组裁判员根据运动员现场完成动作的质量，按照各项目动作规格及其他错误内容扣分标准的要求，用动作质量的分值减去各种动作规格错误和其他错误的扣分，即为运动员的动作质量分。

④B组裁判员根据运动员整套的现场演练，按照劲力、节奏、编排以及音乐的要求整体评判后确定示出的分数，即为运动员的演练水平分。

（2）评分标准：

①动作质量的评分标准。运动员现场完成套路时，动作规格与要求不符，每出现一次扣0.1分，其他错误每出现一次扣0.1~0.3分。

②演练水平的评分标准。分为3档9个分数段，其中很好为5.00~4.10分，一般为4.00~3.10分，较差为3.00~2.10分。凡劲力充足、节奏分明、编排合理、风格突出、动作与音乐和谐一致者为"很好"，凡劲力较充足、节奏较分明、编排较合理、风格较突出、动作与音乐较和谐一致者为"一般"，凡劲力不充足、节奏不分明、编排不合理、风格不突出、动作与音乐不和谐一致者为"较差"。

3. 裁判员示分

自选项目A组裁判员所示分数可到小数点后一位数，B组、C组裁判员所示分数可到小数点后两位数。

对练、传统拳术、传统器械、集体项目、无动作难度组别要求的竞赛项目A组裁判员所示分数可到小数点后一位数，B组裁判员所示分数可到小数点后两位数，第三位数不作四舍五入。

4. 应得分的确定

（1）自选项目。动作质量应得分、演练水平应得分和难度应得分之和即为运动员的应得分数。

①动作质量应得分的确定。A组2名裁判员，1名副裁判长评分时，2名以上对运动员同一个动作错误和其他错误扣分的累计之和即为动作质量的应扣分，用动作质量的分值减去应扣分，即为运动员动作质量的应得分。

A组3名裁判员，1名副裁判长评分时，2名裁判员对运动员同一个动作错误和其他错误扣分（或1名裁判员和1名副裁判长对运动员同一个动作错误和其他错误扣分）的累计之和即为动作质量的应扣分，用动作质量的分值减去应扣分，即为运动员动作质量的应得分。

②演练水平应得分的确定。B组中2名裁判（含裁判长）对套路劲力、节奏、音乐示出的等级分数的平均值减去另外2名裁判对套路编排错误扣分的累计（2人同时对同一错误的扣分点只计1次）之和，即为运动员的演练水平应得分，应得分可取到小数点后2位数，第3位数不做四舍五入。

③难度应得分的确定：

C组2名裁判员、1名副裁判长评分时，2名以上对运动员同一个动作难度和连接难度确认分数的累计之和为运动员的难度应得分。

C组3名裁判员、1名副裁判长评分时，2名裁判员对运动员同一个动作难度和连接难度确认（或当1名裁判员和1名副裁判长对运动员同一个动作难度和连接难度确认）分数的累计之和为运动员的难度应得分。

（2）对练、传统拳术、传统器械、集体项目。动作质量应得分和演练水平应得分之和即为运动员（队）的应得分数。

①动作质量应得分的确定：

A组2名裁判员、1名副裁判长评分时，2名以上对运动员同一个动作错误和其他错误扣分的累计之和即为动作质量的应扣分，用动作质量的分值减去应扣分，即为运动员动作质量的应得分。

A组3名裁判员、1名副裁判长评分时，2名裁判员对运动员同一个动作错误和其他错误扣分（或1名裁判员和1名副裁判长对运动员同一个动作错误和其他错误扣分）的累计之和即为动作质量的应扣分, 用动作质量的分值减去应扣分, 即为运动员动作质量的应得分。

②演练水平应得分的确定:

B组2名裁判员、1名裁判长评分时, 取3个分数的平均数为运动员的演练水平应得分, 应得分可取到小数点后2位数, 第3位数不做四舍五入。

B组3名裁判员、1名裁判长评分时, 取中间2个分数的平均数为运动员的演练水平应得分, 应得分可取到小数点后2位数, 第3位数不做四舍五入。

5. 最后得分的确定

裁判长从运动员的应得分中减去"裁判长的扣分", 或加上创新难度动作的加分, 即为运动员自选项目的最后得分。裁判长从运动员的应得分中减去"裁判长的扣分", 即为运动员对练、传统拳术、传统器械和集体项目、无动作难度组别要求的竞赛项目的最后得分。

6. 裁判长的加分与扣分

(1) 裁判长执行对比赛中被确认完成的创新难度的加分。

(2) 裁判长执行对比赛中重做、套路时间不足或超出规定的扣分。

①完成集体项目、太极拳、太极剑套路, 不足或超出规定时间在5秒以内者 (含5秒), 扣0.1分; 在5秒以上至10秒以内者 (含10秒), 扣0.2分, 以此类推。

②自选长拳、南拳、剑术、刀术、枪术、棍术、南刀、南棍、对练、传统拳术、传统器械套路不足规定时间在2秒以内者 (含2秒), 扣0.1分; 在2秒以上至4秒以内者 (含4秒), 扣0.2分, 以此类推。

>>【武林人物】

霍元甲 (1868—1910年), 天津市西青区精武镇小南河村人, 爱国武术家, 迷踪拳第七代传人。1909年扬名上海, 并创办了精武体育会, 培养了大批武术人才, 为强健国民体质、传承武术文化作出了突出贡献。

1909年春, 英国大力士奥皮音来上海在北四川路52号亚波罗影戏院 (Apollo Theatre) "登台表演举重, 露肌及健美种种姿态, 约二十分钟, 一连数晚, 最后一场言, 愿与华人角力。于言谈中, 多少带轻蔑口吻, 翌日见于报端, 沪人哗然。"于是陈有美、农劲荪、陈铁生、陈公哲等"咸欲聘请技击名家, 登台与赛, 以显黄魂"。

霍元甲接到邀请, 便携其徒刘振声于1909年3月赶到上海商谈比武事宜, 并商定"用摔跤方式, 以身跌于地分胜负"。于是, 发起人开始筹措资金在上海静安寺路张氏味莼园 (张园) 内搭建了"高四尺, 宽广二十尺"的擂台。六月中旬下午四时, 比赛的时间已到, 但奥皮音并没有来。就这样, 霍元甲名扬上海。

散打竞赛规则与裁判法

一、竞赛组织工作

（一）竞赛性质

可分为团体比赛、个人比赛。

（二）竞赛办法

（1）循环赛、淘汰赛（单败淘汰、双败淘汰）。

（2）每场比赛采用三局两胜制，每局净打2分钟，局间休息1分钟。

（三）资格审查

（1）成年运动员的参赛年龄限在18~35周岁。青少年运动员的参赛年龄限在15~18周岁以下。

（2）参赛运动员必须携带运动员注册证。

（3）运动员必须有参加比赛的人身保险证明。

（4）运动员必须出示自报到之日起前20天内县级以上医院出具的包括脑电图、心电图、血压、脉搏等指标在内的体格检查证明。

（四）体重分级

（1）48公斤级（≤48公斤）

（2）52公斤级（>48公斤~≤52公斤）

（3）56公斤级（>52公斤~≤56公斤）

（4）60公斤级（>56公斤~≤60公斤）

（5）65公斤级（>60公斤~≤65公斤）

（6）70公斤级（>65公斤~≤70公斤）

（7）75公斤级（>70公斤~≤75公斤）

（8）80公斤级（>75公斤~≤80公斤）

（9）85公斤级（>80公斤~≤85公斤）

（10）90公斤级（>85公斤~≤90公斤）

（11）90公斤以上级（>90公斤）

（五）称量体重

（1）称量体重须在仲裁委员的监督下，由检录长负责，编排记录员配合完成。

（2）经资格审查合格后，方可参加称量体重。称量体重必须携带运动员注册证。

（3）运动员必须按照大会规定的时间到指定地点称量体重。称量体重时裸体或只穿短裤（女子运动员可穿紧身内衣）。

（4）称量体重先从体重轻的级别开始，每个级别在1小时内称完。如体重不符，在规定的称量时间内达不到报名级别时，则不准参加以后所有场次的比赛。

（六）抽签

（1）抽签由编排记录组负责，有仲裁委员会主任、总裁判长及参赛队的教练或领队参加。

（2）抽签在第一次称量体重后进行。抽签由小级别开始，如本级别只有一人，则不能参加比赛。

（七）服装护具

（1）运动员必须穿戴大会指定的拳套、护头、护胸，必须穿戴自备的护齿、护裆（护裆必须穿在短裤内）。比赛的护具分红、黑两种颜色。

（2）运动员必须穿指定的与比赛护具颜色相同的比赛服装。

（3）拳套的重量：65公斤级及以下级别的拳套重量为230克（女子和青少年运动员均使用该重量的拳套），70公斤级及以上级别的拳套重量为280克。

（八）竞赛中的礼节

（1）介绍运动员时，运动员向观众行抱拳礼。

（2）每场比赛开始前，运动员相互行抱拳礼。

（3）宣布结果时，运动员交换站位，宣布结果后，运动员先相互行抱拳礼，再向台上裁判员行抱拳礼，裁判员回礼，然后向对方教练员行抱拳礼，教练员回礼。

（4）边裁判员换人时，互相行抱拳礼。

（九）弃权

（1）比赛期间，运动员因伤病或体重不符不能参加比赛者，作弃权论，不再参加以后的比赛，但已进入名次的成绩有效。

（2）比赛进行时，运动员实力悬殊，为保护本方运动员的安全，教练员可举弃权牌表示弃权，运动员也可举手要求弃权。

（3）不能按时参加称量体重，赛前3次点名未到或点名后擅自离开，不能按时上场者，作无故弃权论。

（4）比赛期间，运动员无故弃权，取消本人全部成绩。

（十）竞赛中的有关规定

（1）临场执行裁判人员应集中精力，不得与其他人员交谈，未经裁判长许可不得离开席位。

（2）运动队必须遵守规则，尊重和服从裁判。在场上不准有吵闹、谩骂、甩护具等任何表示不满的行为。

（3）比赛时教练员和本队医生坐在指定位置。局间休息时，允许给运动员按摩和指导。

（4）运动员严禁使用兴奋剂，局间休息时不能输氧。

二、裁判方法

（一）净打2分钟

净打2分钟是指每局除暂停之外的实际比赛时间。具体操作，计时员只要听到台上裁判员喊"开始"的口令就随即开启计时表；听到台上裁判员喊"停"的口令就即刻停表。当开表时间累计达到2分钟时，计时员必须准时鸣锣通告，标志每局比赛结束。

（二）休息一分钟

休息一分钟是指每局之间的间歇时间。上一局比赛一结束，计时员即刻开始记局间休息时间。间歇时间至50秒时通知运动员上场准备比赛，局间休息满1分钟时，台上裁判员必须发出比赛"开始"的口令。

（三）达不到报名级别

达不到报名级别是指运动员在称量体重时的体重超出或不及所报级别规定的区间范围。例如，75公斤级的区间范围是70公斤以上至75公斤，所报该级别运动员的体重必须在这个区间范围内，否则不准参加比赛。

（四）无故弃权

无故弃权是指未能按规定时间准时参加比赛或不准时参加点名及点名后不上场比赛，或须称量体重时不参加称量体重等情况，被视为无故弃权。无故弃权者被取消本人已取得的全部成绩。

（五）禁击部位

禁击部位是指运动员在比赛中规定不能被击打的身体部位。后脑，指头部耳廓垂线以后的部位。颈部，指人体第一椎骨以下，锁骨以上的部位。裆部，指人体的阴部。执裁时，台上裁判员要集中注意力，及时判断运动员的犯规行为并作出处罚决定，如果一时难以作出判定，在喊"停"之后，要及时征求裁判长或就近边裁判员的意见，以确定是否击中禁击部位，而不能因运动员的"痛苦"表现干扰裁决。

（六）得分部位

得分部位是指运动员击中后要根据相应的评分标准给予记分的部位。头部，指除了后脑以外的面部和头两侧的部位。躯干，指胸部、腹部、背部、腰部。大腿，指髋关节以下，膝关节以上，包括臀部在内的部位。

值得注意的是，人体的肩部、上肢、小腿、脚跟、脚掌与脚背，既不是禁击部位，也不是得分部位，击中后既不能判犯规，也不能判得分。由于肩部与胸、背连接，腰部与臀部连接，运动员击中在连接部位，很难判定准确。为了方便裁判，统一尺度，按照"方法清楚，效果明显"的原则，从严处理。击中肩部与胸、背的连接部位，大腿与小腿的连接部位不得分，击中腰部与臀部的连接部位得1分。

（七）用头、肘、膝进攻对方

用头、肘、膝进攻对方是指用以上部位主动发力攻击对方，属于犯规行为。一旦击中就须根据《规则》中的有关条文，给予"侵人犯规"的判罚。由于武术散打比赛在许多情况下需要贴近对方，有时因对方进攻而出现低头、抬肘、提膝等防守动作时，触及了对方的身体但没有明显的发力，并且没有产生实际效果，有时在互相搂摔过程中，头、肘、膝触及对方的身体而没有明显的发力，凡类似情况不属于用头、肘、膝进攻对方。

（八）用迫使对方反关节的动作攻击对方

用迫使对方反关节的动作攻击对方是指采用方法固定对方关节前端并击打、拧扳，或迫使其关节超出正常活动范围的攻击动作。对抗实践证明，易被受到"反关节"攻击的人体关节主要是肘关节和膝关节。如果使用正常的攻防方法，虽然击中关节部位，但没有瞬间固定前端的行为，不属于用反关节动作进攻对方。

（九）迫使对方头部先着地的摔法

迫使对方头部先着地的摔法是指在使用摔法过程中，控制住对方的身体，强迫对方头部先着地，有意伤害对方。判断是否使用了迫使对方头部先着地的摔法，一般应符合下列三种情况：

（1）对方处于被控制状态无法使用自我保护的倒地动作时，采用招法使其头部朝下落地。

（2）对方处于悬空状态时，突然改变对方的姿势状态迫使其头部朝下落地。

（3）临近倒地状态时，突然拧转对方头部，迫使对方头部先着地。

如果采用正常的摔法，被摔的一方因自己的保护能力差，倒地动作不合理造成头部先着地，不属判罚的范围。

（十）有意砸压对方

有意砸压对方是指对方倒地时，顺势用身体的某一部位再次加力于对方身体的某一部位，以达到使对方丧失战斗力的目的。

（十一）攻击倒地方头部

攻击倒地方头部是指一方运动员不允许用任何方法攻击已倒地方运动员的头部，实质上指的是主动倒地方运动员的头部。首先，在主动倒地后3秒之内双方仍可相互进攻；其次，一方被动倒地后，台上裁判员必然发出"停"的口令，也就是说，当下达"停"的口令后，比赛已经停止，此时，倒地方身体的任何部位均不允许受到攻击。

（十二）实力悬殊

实力悬殊是指双方运动员技能、体能的整体水平有较大差异，在比赛中主要表现为在比赛中已没有进攻与防守的能力，胜负已经十分明显，一旦出现这样的情况，台上裁判员征得裁判长的同意后，宣布强者为优势胜利。

（十三）读秒

读秒一般可分为两种：一种是因对方犯规而有可能造成伤害，为保障运动员的安全进行的读秒；另一种是运用合理的方法重创对方运动员，使其不能马上继续比赛，为保障其安全进行的强制性读秒。读秒时，台上裁判员须迅速靠近被读秒的运动员，清楚地观察其面部表情，并且所处位置要以不挡住裁判长的视线为宜。读秒有三种情况：

1.读8秒

台上裁判员在读秒过程中，运动员已举手示意可继续比赛，但仍须读完8秒后再继续进行比赛。

2.读10秒

台上裁判员在读秒过程中，运动员没有示意要求继续比赛，或虽已示意可以继续比赛，但发觉其知觉不正常时仍须读到10秒。一旦读到10秒，则表示该场比赛已经终止。

3.终止读秒

台上裁判员在读秒过程中，如果发现运动员出现休克、关节脱臼、骨折等危险状态时，即刻停止读秒，取下运动员的护齿并用手势请医生将运动员送到后场进行急救处理。

读秒后的判罚有三种情况：

（1）一方运动员因对方犯规被读秒，但在读至8秒前已表示能继续比赛且知觉也正常，则给犯规方运动员"警告"的判罚。

（2）因对方犯规而造成被读秒，并因可能受伤而停止比赛接受检查的一方运动员，经医务监督检查确认不能继续比赛，则判犯规方被"取消比赛资格"。如经医务监督确认尚未达到已造成伤害的程度，但事实上已不能继续比赛，则判犯规方"警告"，同时也判其为胜方。

（3）运用允许的方法重创对方使之"强制性读秒"。被强制性读秒后，如受创方能继续比赛，则应给其"压点"和相应的判罚。如不能比赛，则判另一方运动员获胜。

（十四）指定进攻

指定进攻是指台上裁判员发出"开始"的口令后，一方运动员主动向前移动伺机进攻；另一方运动员消极后退而不采用任何进攻或反击动作的行为。一般情况下，运动员都会在8秒钟内进攻。因此，台上裁判员一定要养成"默计时间"的习惯，一旦出现某方运动员消极，就用"指定进攻"手势指定某方运动员进攻。

（十五）消极8秒

消极8秒是指台上裁判员用"指定进攻"的手势指定一方运动员进攻后，运动员在8秒钟后仍不进攻的行为。台上裁判员给一方运动员发出"指定进攻"的口今后,就按每秒一次的频率默记8次,或用手指在体侧记数8次的方法计时,超过8秒不进攻即可判被指定方为"消极8秒"。

(十六)消极3秒

消极3秒是指使用主动倒地动作进攻没有击中或击倒对方,或使用主动倒地进攻动作时,被对方反击所迫,不能在3秒钟内迅速站立,一旦出现这种情况,台上裁判员立即喊"停",并用"消极3秒"的手势表示判罚。

(十七)知觉失常

知觉失常是指运动员在被重击之后,身体所表现出来的一种不正常的状态。具体表现为:站立重心不稳,步履蹒跚紊乱,不能平衡身体,面部表现痴呆,呼吸急促喘粗气等。

(十八)主动倒地

主动倒地是指两脚以外的其他身体部位需要先支撑台面后才能使用方法,或使用方法后必须倒地的进攻方法。运动员使用这类动作时,台上裁判员要充分准确地分辨出是否是主动倒地。主动倒地必须是自己处于正常平衡的姿势时使用的一种进攻或防守反击的方法。如自己身体已经失去平衡,但为了躲避打击顺势倒地,而又不能衔接合理的进攻方法,则不能视为主动倒地。

主动倒地大致有以下几种情况:

(1)使用主动倒地动作进攻将对方击倒,并能顺势站立者得2分。

(2)用主动倒地动作进攻将对方击倒。但对方倒地时身体的某一部位压住主动倒地方身体造成其不能迅速站立,判后倒地者"倒地在先",主动倒地者得1分。

(3)使用主动倒地动作进攻,但未能击中对方,尚不能迅速站立,不得分。

(4)使用主动倒地动作进攻没有击中对方而在3秒钟内又不能迅速站立,判主动倒地者"消极3秒"。

(5)用"后倒蹬枝"的方法成功地将对手蹬(掀)下台,则算主动倒地方进攻成功,得2分。如果不成功,使用该动作者为倒地在先。

(十九)倒地

倒地是指两脚以外的身体任何部位支撑了台面。倒地在比赛中大致有以下三种情况;

(1)被击倒,指遭受对方拳法、腿法的打击而失去重心倒地。

(2)被摔倒,指被对方用摔法致使失去重心倒地。

(3)自行倒地,指由于进攻、防守动作不当,场地不平、过滑等原因造成的倒地。

(二十)倒地在先

倒地在先是指运动员在使用动作的过程中双方失去重心,一方倒地在先,另一方倒地在后;或者一方倒地在先,另一方压在先倒地一方的身上,先倒地者均为倒地在先。

（二十一）双方同时倒地

双方同时倒地是指双方运动员使用动作的过程中均失重倒地，且又分不出先后时，则判为同时倒地。

（二十二）击中

击中是指运动员使用允许的方法，打到对方的得分部位后产生相应的效果。至于如何判定"击中"，一般从以下四个方面入手：

（1）看进攻，进攻动作清晰，击中点准确。

（2）看防守，击中时没有相应的防守动作或击中在先防守动作在后。

（3）看位移，击中后产生的位移现象。

（4）听声音，击中对方后发出清脆或者沉闷的响声。

在评判过程中，可以从四个方面同时入手，也可以从其中的某一两个方面入手，这主要是根据实际情况而定。

（二十三）方法不清楚，效果不明显

方法不清楚，效果不明显是指运动员完成动作时的质量和效果均不符合击中的要求。运动员使用方法进攻时，因进攻时机不对或己方处于被动状态而勉强出动作，虽然打到了对方，但是没有造成击中的效果。

（二十四）下台

下台是指运动员在比赛中（从"开始"至"停"的口令期间），其身体的任何部位支撑了台下的保护垫或场地，均判为下台。

（二十五）双方下台

双方下台是指两个运动员在比赛时（从"开始"至"停"的口令期间）都掉下了擂台。

（二十六）下台无效

下台无效是指双方或一方运动员在台上裁判员在喊"停"之后下台，或先倒地者顺势再次用力把对方掀（推）至台下，或因双方摔倒在台上后产生的惯性使某一后倒地者接触台下地面，或一方下台时，另一方虽在台上但没有与下台运动员身体的某一部位脱离，均被视为无效。

（二十七）抱缠时击中对方不得分

抱缠时击中对方不得分是指一方运动员抱住另一方运动员后，或者在双方互相搂抱的过程中击打对方，尽管是有效部位但仍不予计分。

关于"击中"还有两种情况须得注意：

（1）如果一方运动员使用动作被另一方运动员接住并使用允许的方法击中对方有效部位后随即脱手，或在"停"的口令之前挣脱抱缠并使用方法击中对方的得分部位则应被视为有效击中。

（2）双方运动员在台上裁判员的口令"开始"至"停"的时间段内相互攻击对方，并能清晰有效地击中对方的得分部位，应被判定相互均被有效击中，并采用累积计分的方法累加得分。

（二十八）消极搂抱

消极搂抱是指为了达到不让对方进攻或反击的目的而一味采取抱缠对方的行为。在比赛中，运动员使用方法击打对方后即抱住对方不让其使用方法反击，或者是没有任何进攻动作即搂抱对方以等待台上裁判员喊"停"，为的是避开对方的打击，或是为了保持己方的既得战果，并且这种方法被连续反复地使用，经台上裁判提示后仍坚持该做法，即可认定为是消极搂抱。

（二十九）犯规的处罚

犯规的处罚是指运动员在比赛中的行为违反了《规则》后所必须受到的相应的处罚，犯规的处罚有三种情况。

1. 劝告
运动员在比赛中只要出现规则中列举的"技术犯规"的行为，即应受到"劝告"的处罚。

2. 警告
运动员在比赛中只要出现规则中列举的"侵人犯规"的行为，即应受到"警告"的处罚。

一般情况下，在使用"劝告"和"警告"处罚前可视需要先给予"提示"，这种提示必须是在有"犯规表示"但又未造成后果时使用，如果已造成后果，则应直接给予相应的处罚。此外，在判定是否犯规和给予何种判罚时要注意统一尺度、坚持始终。

3. 取消比赛资格
运动员在比赛中只要出现规则中列举的应受"取消比赛资格"处罚的行为，即应受"取消比赛资格"的处罚。

（三十）相互抱缠没有进攻动作或无效进攻

相互抱缠没有进攻动作或无效进攻是指运动员抱缠在一起时，既不使用方法也不能分离的状态，或是两人纠缠在一起，虽有动作但没有得分效果，并且超过2秒时没有停止的迹象。此外，由于相互抱缠与使用摔法有关，为此，对摔法的有效与否须得进一步说明：

1. 对摔法有效的判定
当一方或双方运动员刚一"搭把"即用摔法，并使对方已失重或失控，随即将对方摔倒，也就是说，运用这一摔法是一气呵成的，没有"变招"或"变动"的现象，即为有效的摔法。且不宜用2秒来限制。

2. 对摔法无效的判定
（1）当一方或双方运动员在相互"掏把"且未能"得把"施摔达2秒以上，台上裁判即刻喊"停"。
（2）当一方或双方运动员在"得把"后因对方的抗摔使施摔方一再"变劲""变招"达2秒以上，台上裁判即刻喊"停"。

（三十一）有意拖延比赛时间

有意拖延比赛时间是指运动员在局间休息后回到场上拖拖拉拉,或倒地后故意磨蹭不迅速起来,或有意借故整理护具等。凡此类情况均视为"有意拖延比赛时间",作为技术犯规处理。

（三十二）记分

记分是指边裁判员根据运动员使用的不同方法,击中的不同得分部位,产生的不同效果和台上裁判员的不同判罚情况。按照得分标准及时记录运动员的得分。然而,有两种情况应注意:第一,击中部位可能是不同分值的交接点,也可能是得分与不得分的交接点,现一律按下限取值。也就是说,如击中2分与1分的交接点,按1分取值。如击中得分与不得分的交接点,则按不得分取值。第二,使用同一个动作产生分值不同的效果,则以上限取值。

（三十三）每局胜负评定

边裁判员用色别标志(色别灯、色别牌)表示胜负结果。

三、得分标准与判罚

（一）得分部位

头部、躯干、大腿。

（二）禁击部位

后脑、颈部、裆部。

（三）禁用方法

（1）用头、肘、膝和反关节的动作进攻对方。
（2）用迫使对方头部先着地的摔法或有意砸压对方。
（3）用任何方法攻击主动倒地方的头部和被动倒地方。

（四）得分标准

1.得2分

（1）一方下台,另一方得2分。
（2）一方倒地,站立者得2分。
（3）用腿法击中对方头部、躯干得2分。
（4）用主动倒地的动作致使对方倒地,而自己顺势站立者,得2分。
（5）被强制读秒一次,对方得2分。
（6）受警告一次,对方得2分。

2.得1分

（1）用手法击中对方头部、躯干部位得1分。

（2）用腿法击中对方大腿得1分。

（3）先后倒地，后倒地者得1分。

（4）用主动倒地的动作致使对方倒地，而自己不能顺势站立者，得1分。

（5）运动员被指定进攻8秒钟后仍不进攻，对方得1分。

（6）主动倒地3秒钟不起立，对方得1分。

（7）受劝告一次，对方得1分。

3.不得分

（1）方法不清楚，效果不明显，不得分。

（2）双方下台或同时倒地，不得分。

（3）用方法主动倒地，对方不得分。

（4）抱缠时击中对方，不得分。

（五）犯规与罚则

1.技术犯规

（1）消极搂抱对方。

（2）处于不利状况时举手要求暂停。

（3）有意拖延比赛时间。

（4）比赛中对裁判员有不礼貌的行为或不服从裁判。

（5）上场不戴或有意吐落护齿、松脱护具。

（6）运动员不遵守规定的竞赛礼节。

2.侵人犯规

（1）在口令"开始"前或喊"停"后进攻对方。

（2）击中对方禁击部位。

（3）以禁用的方法击中对方。

3.罚则

（1）每出现一次技术犯规，劝告一次。

（2）每出现一次侵人犯规，警告一次。

（3）侵人犯规达3次，取消该场比赛资格。

（4）运动员故意伤人，取消比赛资格，所有成绩无效。

（5）运动员使用违禁药物，或局间休息时输氧，取消比赛资格，所有成绩无效。

（六）暂停比赛

（1）运动员倒地（主动倒地除外）或下台时。

（2）运动员犯规受罚时。

（3）运动员受伤时。

（4）运动员相互抱缠没有进攻动作或无效进攻超过2秒时。

（5）运动员主动倒地超过3秒时。

（6）运动员举手要求暂停时。

（7）裁判长纠正错判、漏判时。

（8）处理场上问题或发现险情时。

（9）因灯光、场地等客观原因影响比赛时。

（10）被指定进攻超过8秒仍不进攻时。

四、胜负与名次评定

（一）胜负评定

1.优势胜利

（1）在比赛中，双方实力悬殊，台上裁判员征得裁判长的同意，判技术强者为该场胜方。

（2）被重击（侵人犯规除外）倒地不起达10秒，或虽能站立但知觉失常，判对方为该场胜方。

（3）一场比赛中，被重击强制读秒（侵人犯规除外）达3次，判对方为该场胜方。

2.每局胜负评定

（1）在每局比赛结束时，依据边裁判员的评判结果，判定每局胜负。

（2）一局比赛中，一方受重击被强制读秒（侵人犯规除外）2次，另一方为该局胜方。

（3）一局比赛中，一方2次下台，另一方为该局胜方。

（4）一局比赛中，双方出现平局时，按本局受警告，劝告少者，当天体重轻者的顺序判定胜负，如上述三种情况仍相同，则为平局。

3.每场胜负评定

（1）一场比赛，先胜两局者为该场胜方。

（2）比赛中，运动员出现伤病，经医生诊断不能继续比赛者，判对方为该场胜方。

（3）比赛中因一方犯规，另一方诈伤，经医务监督确诊后，判犯规一方为该场胜方。

（4）因对方犯规而受伤，通过医务监督检查确认不能继续比赛者，为该场胜方，但不得参加以后的比赛。

（5）循环赛时，一场比赛中，如获胜局数相同时，则为平局。

（6）淘汰赛时，一场比赛中，如获胜局数相同，则依受警告、劝告少者的顺序决定胜负。如仍相同，则加赛一局，以此类推。

（二）名次评定

1.个人名次

（1）淘汰赛时，直接产生名次。

（2）循环赛时，积分多者名次列前，若两人或两人以上积分相同时，按下列顺序排列名次：

①负局数少者列前。

②受警告少者列前。

③受劝告少者列前。

④体重轻者列前（以抽签体重为准）。

上述四种情况仍相同时，名次并列。

2. 团体名次

（1）名次分：

①各级别录取前八名时，分别按9、7、6、5、4、3、2、1的得分计算。

②各级别录取前六名时，分别按7、5、4、3、2、1的得分计算。

（2）积分相等时的处理办法。两个或两个以上的团体分数相等时，按下列顺序排列名次：

①按个人获第1名多的队名次列前；如再相等时，按个人获第2名多的队名次列前，以此类推。

②受警告少的队名次列前。

③受劝告少的队名次列前。

如以上几种情况仍相等时，名次并列。

五、场上裁判的动作与口令

（一）抱拳礼

两腿并立，左掌右拳于胸前相抱，高与胸齐，手与胸之间距离为20~30厘米，手掌不可外翻。

（二）运动员上台

站在擂台中央成侧平举，掌心向上指向双方运动员，在发出指令的同时，屈臂成90°，掌心相对。屈臂时，肘关节不要下沉，且要干脆有力，

（三）双方运动员行礼

双臂屈于体前，左掌盖于右拳背之上，示意双方运动员行礼。

（四）第一局

面向裁判长席，发出"第一局"的口令同时，右（左）腿上前一步成右（左）弓步，右（左）手食指竖起，其余四指弯曲直臂前举，另只手自然垂于体侧。

（五）第二局

面向裁判长席，发出"第二局"的口令同时，右（左）腿上前一步成右（左）弓步，右（左）手食指和中指竖起分开，其余三指弯曲直臂前举，另只手自然垂于体侧。

（六）第三局

面向裁判长席，发出"第三局"的口令同时，右（左）腿上前一步成右（左）弓步，右（左）手拇指、食指和中指竖起分开，其余两指弯曲直臂前举，另只手自然垂于体侧。手势不可做成中指、无名指和小指分开状。

（七）预备—开始

"预备"的口令仅用在宣布"第×局"后开始双方的第一个回合,两臂伸直,掌心向上指向双方队员。在发出"开始"口令的同时,两臂内收合于腹前,弓步腿随。

（八）停

在发出"停"的口令同时成弓步,单臂立掌伸向双方运动员中间。

（九）倒地

一臂指向倒地运动员,掌心向上,然后另一臂屈于体侧,手心向下,指尖向前。

（十）倒地在先

一臂先指向倒地运动员,掌心向上,同时发出"×方"的口令,然后,两臂体前交叉,指向运动员一臂在下,两手掌心向下。

（十一）同时倒地

两臂体前平伸,后拉下按,掌心向下。

（十二）一方下台

一臂伸直掌心向上指向下台一方。另一手立掌,掌心向前,向下台一方平推成弓步。

（十三）双方下台—上台

双手立掌,掌心向前,向前平推伸直,同时,一腿向前成弓步。然后,屈臂上举成90°,掌心向后,弓步腿后撤并步直立。

（十四）无效

两臂伸直,掌心向后,体前交叉摆动。

（十五）指定进攻

侧上前一小步,靠近要指定进攻的运动员,同时,与上步腿同侧臂伸直向前,拇指翘起指外展并向另一运动员,其余四指弯曲紧握,在发出"×方"口令的同时,向拇指方向摆动。

（十六）消极搂抱

双手环抱于体前。

（十七）读秒

面对运动员,屈臂握拳与体前,拳心向前,拳眼相对,从一手拇指至小指以此张开,间隔1秒。

（十八）消极 8 秒

两臂前上举，一手小指和无名指弯曲，其余三指自然张开，另一手五指自然张开，掌心向前。

（十九）强制 8 秒

一手拇指竖起，其余四指弯曲，直臂指向裁判台。另一臂自然弯曲垂于体侧。

（二十）3 秒

一臂伸直斜上举指向一方运动员，掌心向上。另一手拇指、食指、中指自然分开，其余两指弯曲，掌心向下，自腹前向外横摆于体侧。

（二十一）膝犯规

一臂伸直指向犯规一方，掌心向上，另一手拍按膝部。

（二十二）击后脑

一臂伸直指向犯规一方，掌心向上，另一手俯按于后脑。

（二十三）踢裆

一臂伸直指向犯规一方，掌心向上，另一手掌心向内，俯于裆前。

（二十四）肘犯规

一臂伸直指向犯规一方，掌心向上，然后，两臂屈于胸前，一手俯盖于另一肘部。

（二十五）警告

一臂伸直指向犯规一方，掌心向上，另一手示出犯规动作后，屈臂成90°，握拳上举于体前，拳心向后。

（二十六）劝告

一臂伸直指向犯规一方，掌心向上，另一手示出犯规动作后，屈臂成90°，立掌上举于体前，掌心向后。

（二十七）取消比赛资格

两手握拳，屈臂交叉于胸前。

（二十八）休息

两臂伸直平举，掌心向上，指向双方运动员休息处。

（二十九）急救

面向医务席，两手立掌，屈臂成"十"字交叉于胸前。

（三十）平局

平行站在两运动员中间，同时握住两运动员手腕上举。

（三十一）获胜

平行站在两运动员中间，握住获胜一侧运动员手腕上举。

（三十二）交换站位

站在擂台中间，面向裁判席，双臂伸直腹前交叉，掌心向后。

>> 【武术赛事】

国内武术赛事举例

全国武术锦标赛是由国家体委举办的全国最高水平的武术竞赛。分武术套路团体赛、武术套路个人赛，武术散打团体赛、武术散打个人赛，太极拳、剑、推手三类比赛。1985年以前，全国武术比赛不分团体赛和个人赛，统称为全国武术比赛。1977年8月在内蒙古自治区举行的全国武术比赛，参赛和表演的拳、械套路有60多种，参赛单位有27个，运动员有438名。由于参赛运动员及参赛项目过多，不利于评定名次和裁判工作，也不符合体育公平竞争的原则，故自1985年开始，为促进各地优秀运动员运动技术水平的提高，全国武术比赛开始按团体赛和个人赛两种形式进行，上半年举行团体赛和个人资格赛，下半年举行个人赛。

《武林风》是中国电视界武术搏击类具有国际影响力的栏目，由河南卫视于2004年元月火力推出，郭晨冬主持，每周六在河南卫视播出。新模式、全方位、多角度地展现中华武学的博大精深。缤纷云集的武术套路、酣畅淋漓的搏击场面、深厚浓郁的文化底蕴、明星大腕的现场助阵，使得《武林风》迅速成为各类栏目中关注的焦点、众多武术爱好者追逐的热点，如今已成长为中华武术搏击类栏目中的第一品牌。

《武林风》栏目每年举行六大国际赛事（中美、中欧、中日、中泰、中伊、中越），世界上最负盛名的WBC、WMC、UFC、WKA、K-1等搏击组织与栏目紧密合作，为中国武术对外交流提供了全新平台，中国自由搏击在《武林风全球功夫盛典》的推动下，真正将中国格斗带入与世界格斗大对抗的格局，拉开了中国格斗比赛百花齐放的序幕，使《武林风》栏目国际知名度迅速蹿升，巩固了《武林风》在中国同类节目中的最高地位，对扩大中国格斗比赛的影响力作出了积极贡献。依托《武林风》的国际影响力，WLF世界自由搏击理事会随即成立，它是中国首个世界性的自由搏击协会。

第六节 武术功力竞赛规则与裁判法

一、竞赛组织机构

（一）竞赛委员会

　　根据不同的比赛规模，可设立竞赛委员会、竞赛部或竞赛处。由负责竞赛业务的行政人员若干组成。在大会组委会统一领导下，负责整个大会的竞赛组织工作。

（二）竞赛监督委员会

　　（1）由主任、副主任、委员3人或5人组成。
　　（2）职责：
　　①竞赛监督委员会为竞赛的监督机构。
　　②监督、检查仲裁委员会的工作。
　　③监督、检查裁判人员的工作。
　　④监督、检查参赛运动队的比赛行为。
　　⑤有权对违纪的仲裁人员、裁判人员和运动队的相关人员作出处罚。
　　⑥竞赛监督委员会不介入裁决结果的纠纷，不改变裁判人员、仲裁委员会的裁决结果。

（三）仲裁委员会

　　（1）由主任、副主任、委员3人或5人组成。
　　（2）职责：
　　①接受运动队的申诉，并及时作出裁决，但不改变裁判结果。
　　②仲裁委员会会议出席人员必须超过半数，表决时超过半数以上作出的决定方为有效。表决投票相等时，仲裁委员会主任有决定权。仲裁委员会成员不参加与本人所在单位有牵连问题的讨论与表决。
　　③仲裁委员会的裁决为最终裁决。

（四）裁判人员的组成

1. 执行裁判人员的组成

　　（1）总裁判长1人、副总裁判长1~2人。
　　（2）裁判组设裁判长1人、副裁判长2人，裁判员1~5人。

（3）编排记录长1人。

（4）检录长1人。

2. 辅助工作人员的组成

（1）编排记录员3~5人。

（2）检录员3~5人。

（3）宣告员1~2人。

（4）摄像员1~2人。

（五）执行裁判人员的职责

1. 总裁判长的职责

（1）组织领导各裁判组的工作,保证竞赛规则的执行,检查落实赛前各项准备工作。

（2）解释规则,但无权修改规则。

（3）在比赛过程中,根据比赛需要可调动裁判人员工作,裁判人员发生严重错误时,有权处理。

（4）审核并宣布成绩,作好裁判工作总结。

2. 副总裁判长的职责

（1）协助总裁判长的工作。

（2）在总裁判长缺席时,代行其职责。

3. 裁判长的职责

（1）组织本裁判组的业务学习和实施裁判工作。

（2）比赛中监督、指导裁判员、计时员、记录员的工作。

（3）台上裁判员有明显错判、漏判时,鸣哨提示改正。

（4）每局比赛结束后宣告评判结果,决定胜负。

（5）每场比赛结束时审核、签署比赛成绩。

4. 副裁判长的职责

（1）协助裁判长进行工作。

（2）根据需要可以兼任其他裁判员的工作。

5. 裁判员的职责

（1）服从裁判长的领导,参加裁判学习,做好准备工作。

（2）认真执行规则,独立进行评分,并作详细记录。

（3）场上裁判员检查场上运动员的服装、器械,保证安全比赛。

（4）场上裁判员用口令和手势指挥运动员进行比赛。

（5）场上裁判员判定运动员成功、得分、违例以及其他相关事宜。

（6）双人对抗项目的场上裁判员宣布每场比赛结果。

6. 编排记录长的职责

（1）负责编排记录组的全部工作,审查报名表,并根据大会要求编排秩序册。

（2）准备比赛所需的表格,审查核实比赛成绩及排列名次。

（3）负责组织抽签，编排每场秩序表。

（4）审查核实成绩、录取名次。

（5）登记和公布各场比赛成绩。

（6）汇编成绩册。

7. 检录长的职责

（1）负责检录组的全部工作，如有变化及时报告总裁判长。

（2）负责称量运动员体重。

（3）点名时如出现运动员不到或弃权等问题，及时报告总裁判长。

（4）按照规则的要求检查运动员的服装和器械。

（六）辅助工作人员职责

1. 编排记录员的职责

根据编排记录长分配的任务进行工作。

2. 检录员的职责

按照比赛顺序及时进行检录，并检查运动员器械、服装，将比赛运动员带入场后，向裁判长递交检录表。

3. 宣告员的职责

向观众介绍上场运动员，报告比赛成绩；介绍有关竞赛规程、规则和比赛方法、项目的特点及武术功法的知识。

4. 摄像员的职责

（1）对全部竞赛项目进行现场摄像。

（2）遵照仲裁委员会、竞赛监督委员会的要求，负责播放相关项目录像。

（3）全部录像均应按大会规定予以保留。

二、竞赛通则

（一）竞赛性质

（1）个人赛。

（2）团体赛。

（3）个人及团体赛。

（二）竞赛办法

（1）个人竞技项目的竞赛办法按项目比赛方式进行。

（2）双人对抗项目采用淘汰赛。每场比赛采用三局二胜制；桩上徒搏、夺桥徒搏每局净赛1分钟，长杆较力每局净赛2分钟；局间休息1分钟。

（三）竞赛项目

1.规定项目

（1）单掌断砖（按体重分级）。

（2）悬空断板（按体重分级）。

（3）流星打靶。

（4）指鼎较力。

（5）弹弓。

（6）石锁上拳（按体重分级）。

（7）长杆较力（按体重分级）。

（8）桩上徒搏（按体重分级）。

（9）夺桥徒搏（按体重分级）。

2.自选项目

（1）克服阻力组。

（2）击打能力组。

（3）灵敏能力组。

（4）其他能力组。

3.特邀项目（表演）

（四）体重分级

55公斤以下级（≤55公斤）

60公斤级（>55公斤~≤60公斤）

65公斤级（>60公斤~≤65公斤）

70公斤级（>65公斤~≤70公斤）

75公斤级（>70公斤~≤75公斤）

80公斤级（>75公斤~≤80公斤）

85公斤级（>80公斤~≤85公斤）

85公斤以上级（>85公斤）

（五）申诉

（1）仲裁委员会受理比赛过程中对执行规程、规则有争议的申诉。

（2）申诉程序武参赛队如果对裁判评判本队结果有异议，必须在该场该项比赛结束后20分钟内，由该队领队或教练向仲裁委员会以书面的形式提出申诉，同时交付500元申诉费。一次申诉仅限一个内容。

仲裁委员会依据申诉内容进行认真审议，查看比赛录像，如裁判评判正确，提出申诉的运动队必须坚决服从。如果因不服而无理纠缠，根据情节轻重，可由仲裁委员会建议竞赛监督委员会给予严肃处理，直至取消比赛成绩；如裁判评判错误，仲裁委员会提出申请由竞赛监督委员会对错判的裁判进行处理，退回申诉费。裁决结果应及时通知有关各方。

（六）抽签

（1）在竞赛监督委员会、仲裁委员会和总裁判长的监督下，由编排记录组抽签决定比赛顺序，由参赛队的教练或领队参加。

（2）双人对抗项目的抽签在第一次称量体重后进行。抽签由小级别开始。

（七）检录

运动员须在赛前30分钟到达指定地点报到，参加第一次检录，并检查服装和器械；赛前15分钟进行第二次检录；赛前5分钟进行第三次检录；三次检录未到者，视为弃权。

（八）礼仪

（1）介绍运动员时，运动员应向观众、裁判长行抱拳礼。

（2）有场上裁判员的比赛项目，运动员上场和比赛结束后，需向场上裁判员行抱拳礼，场上裁判员回行抱拳礼；双人对抗项目，运动员还需互行抱拳礼。

（九）计时

（1）运动员由静止姿势开始动作，计时开始；运动员完成动作，计时结束。

（2）比赛前检查铜锣、计时钟、核准秒表。

（3）负责比赛、暂停、局间休息的计时。

（4）双人对抗项目每局赛前5秒钟鸣哨通告，每局比赛结束鸣锣通告。

（十）示分

运动员的比赛结果，公开示分。

（十一）服装

运动员须身着运动服装，或经大会批准的练功服装。对抗项目的比赛服装分为红、黑两种颜色。

（十二）弃权

（1）运动员不能按时参加检录与比赛，按弃权论处。

（2）比赛期间，运动员因伤病或体重不符，不能参加比赛，按弃权论处。

（3）对抗项目比赛过程中，教练员可举弃权牌表示弃权，运动员也可举手或用手连续拍击自身身体表示弃权。

（4）不能按时参加称量体重者，按弃权论处。

（十三）名次评定

1.个人名次

（1）按比赛的成绩高低排列名次。成绩最高者为该单项的第一名，次高者为第二名，以此类推。

（2）有体重分级的项目，出现平局时，违例次数少者胜；若违例次数也相等，则体重轻者胜。

（3）无体重分级的项目，按照项目评判方法和标准进行。

2.团体名次

根据竞赛规程关于团体名次的确定办法进行评定。

（十四）特邀项目的申报

1.申报原则

必须符合武术运动的本质属性和运动规律，必须是"自选项目和规定项目"中未出现的项目。

2.申报程序

每次赛会在每类项目中每人限报一个项目。申报单位必须以书面申报并将本人演练的录像带（或VCD）在赛前40天报至国家体育总局武术运动管理中心（以到达邮戳为准）。获批后方可成为特邀项目。

（十五）竞赛有关规定

1.比赛场地

（1）单掌断砖、悬空断板、石锁上拳和长杆较力项目的比赛场地：1号场地。

（2）桩上徒搏项目的比赛场地：2号场地。

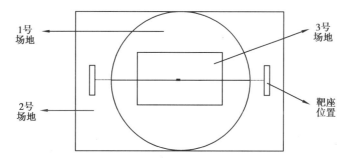

武术功力比赛场地示意图

（3）星打靶项目的比赛场地：2号和3号场地。3号矩形场地是运动员打靶时的活动区域；在距2号矩形场地两个短边中点1米处，分别放置两个靶架，靶架高1.7米，圆靶直径为20厘米。

（4）自选表演赛与特邀汇演项目比赛场地：参赛运动员尽量利用下图中的1、2、3号场地。若有特殊要求，应向大会提出申请报告，经批准后由参赛队参与准备所需场地。

（5）1号场地是直径为8米的圆；2号场地是长、宽分别为12米、8米的矩形；3号场地是长、宽分别为5米、3米的矩形；3号矩形场地两个短边的中点距圆心的距离均为2.5米。5厘米宽的场地边线属于界内。

2.比赛器械

必须使用国家体育总局武术运动管理中心指定的器械。运动员自带的自选项目比赛器材须于报到时交大会检录组审核，统一封存，在比赛时使用。

3. 比赛设备

大型比赛必须配备摄像机2台，放像设备2台，电视机2台，以及音响系统。

4. 本规则适用于全国任何级别的武术功力比赛

三、规定项目评判方法与标准

（一）单掌断砖

1. 比赛方式

比赛采用单淘汰制。比赛时，从2块砖起赛，每赛1轮增砖1块。运动员按抽签顺序进行试做，每次试做时间不超过1分钟，每轮出场3次；成功断砖即可进入下一轮比赛，否则被淘汰出局。

运动员可自行选定从第几块砖开始；可根据身高情况选择支架高度，但支架与砖块的高度之和不得低于本人直立时髋关节的高度。

2. 评判方法

（1）成绩计算。按照运动员一次打断砖块的数额计算成绩，以运动员按照规定的运动方法一次打断砖块的最多的一次，为最终成绩。

（2）未完成动作：

①击打时发力点不对或握拳，判当次试做失败。

②击打时砖块散落，判当次试做失败。

③击打时砖块没有完全断开，判当次试做失败。

（3）成绩无效：

①击打时非打砖手接触砖块，成绩无效。

②支架与砖块的高度之和低于本人直立时髋关节的高度，成绩无效。

（4）名次取录：

①一次打断砖块多者名次列前。

②如果一次打断砖块数量相等，则以打断砖的试做次数少者列前；如果运动员成绩仍相等，则体重轻者胜。

（二）悬空断板

1. 比赛方式

（1）比赛采用单淘汰制。比赛时，钢条从1厘米厚起赛，石条从2厘米厚起赛，红砖从1块起赛。运动员按抽签顺序进行试做，每次试做时间不超过1分钟，每轮出场3次；能击断起赛物者，进入下一轮比赛。每轮比赛的铁条1厘米厚，石条增加1厘米厚，红砖增加1块。

（2）运动员以单掌击打钢条、石条、红砖的悬空部位。以掌的任一部位发力（不能握拳），击断横置于支架上的悬空物。击打多块悬空物时，多块悬空物相叠并齐，非击打手不得接触悬空物。

2. 评判方法

（1）成绩计算和未完成动作，同"单掌断砖评判方法"。

（2）击断物体数量（或厚度）相同时，以运动员一掌击断悬空部位的段数，被支撑在发力台上的那部分物体是否移动或掉落于地，以及击打难度等进行评判。

（三）石锁上拳

1.比赛方式

（1）比赛采用单淘汰制；分预赛、决赛进行。

（2）预赛。运动员共进行两轮试做。运动员按出场顺序每次试做1次，每次试做时间不超过1分钟，每轮可出场3次，运动员自定每轮试做的石锁重量。第二轮试做石锁质量应大于第一轮试做石锁的质量。运动员在第一轮试做中成功完成动作者，方可进入第二轮试做。如果第一轮试做未成功，即淘汰出局。

（3）决赛。决赛时，首轮比赛以各级别中试举成功的最轻石锁质量增重2公斤为起赛质量，每赛1轮石锁增重2公斤。决赛所用石锁由大会统一提供。

（4）每次试做时间不得超过1分钟。

2.评判方法

（1）成绩计算。以运动员按照规定的运动方法举托起石锁的最大质量，为最终成绩。

（2）未完成动作：

①石锁掉地，判当次试做失败。

②保持"顶锁式"3秒钟时，若出现脚步移动，或支撑臂关节弯曲、身体和两腿未充分伸直，或托举石锁的时间不足3秒钟；均判当次试做失败。

（3）违例：

①运动员在完成比赛动作的过程中任一脚出界，判违例1次。

②放锁时未能抓握住锁簧或石锁放置位置不对，判违例1次。

（4）名次取录：

①以运动员最终成绩的石锁质量大小排序，石锁质量大者列前，以此类推。

②如果运动员成绩相等，则以违例次数少者列前（预赛、决赛分别计算）。

③如果运动员成绩又相等，则以试做次数少者列前（预赛、决赛分别计算）。

④如果运动员成绩还相等，则加赛石锁翻花，即在"石锁上拳"进程中，采用向前上抛起纵向翻花450°、630°、810°的方法决出名次。

⑤如果运动员成绩仍然相等，则以体重轻者名次列前。

（四）流星打靶

1.比赛方式

（1）赛法：

①比赛分预赛和决赛；若参赛选手不足6人，则直接进行决赛。

②预赛分三轮进行，每轮比赛时间为1分钟；第一轮为肘部缠绕（金丝缠肘、回头射箭、二郎担山）发锤打靶，第二轮为腿部缠绕（浪子踢球、弯弓射虎、鲤鱼跳龙门）发锤打靶，第三轮为缠身

背后(低头一镖、金丝缠脖)发锤打靶；三轮比赛结束后，按得分多少排名，取前6名进入决赛。

③决赛中将肘部缠绕发锤、腿部缠绕发锤和缠身背后(或缠脖、缠头)发锤3类方法连为一组进行连续打靶；一组动作做完后，依次重复动作进行打靶，直至该次比赛时间到。在2分钟时间内得分多者，名次列前；若出现得分并列，则加时比赛1分钟，直至决出胜负。

（2）比赛过程。运动员经点名入场、致礼，即可由预备动作开始演练和打靶。在裁判员发出"比赛时间到"的信息(锣声)后，运动员不论是否完成打靶都必须即刻收式、致礼、退场。

2. 评判方法

（1）得分与扣分标准：

①运动员每击中1靶得1分。

②在决赛中，未按照肘部缠绕、腿部缠绕和缠身背后（或缠脖、缠头）发锤3类方法依次打靶，每漏做一种方法扣1分。

③累计失误3次扣1分。

④累计违例3次扣1分。

（2）失误：

①除收式外，在运动过程中，流星每掉地1次，判失误1次；流星击地、擦地，不算失误。

②流星绳绕住靶架，每绕住1次，判失误1次。

（3）违例：

①运动员任一脚出界击中靶位，成绩无效，判违例1次。

②凡未按规定缠绕身体某一关节发出流星，而是直接掷锤击靶，成绩无效，判违例1次。

③凡缠绕身体某一关节，但却以手接握住流星然后发锤击中靶位，成绩无效，判违例一次。

（五）长杆较力

1. 比赛方式

（1）赛法：

①第一局由红方选择场地和长杆端位，第二局和第三局中间双方交换场地。

②每局以得分多少决定胜负。

（2）比赛过程。比赛时，长杆顺向置于1号圆形场地的直径上，长杆中点与圆心重合。

①上场。裁判员发出"上场"口令后，双方运动员进入场地，致礼，然后双手握持杆把。

②预备。裁判员发出"预备"口令后，双方运动员双手握持杆把，保持静止。"预备"时间不超过5秒钟。在此时间内，若一方运动员对自己的架式不够满意，可举手申请进行调整，"预备"时间延长5秒钟。每场比赛，每位运动员可申请调整1次；进入决赛，每位运动员可申请调整2次。

③开始。裁判员发出"开始"口令后，运动员开始较力。

④结束。裁判员发出"时间到"信息(锣声)后，运动员即刻放下长杆，致礼，退场。

2. 评判方法

（1）得分标准：

①一方运动员后手脱把，判对方得1分。

②一方运动员所持杆把着地,判对方得1分。

③一方运动员除两脚外,身体任一部分着地,判对方得1分。

④一方运动员任一脚出界,判对方得1分。

⑤双方运动员同时出界,互不得分。

⑥双方运动员同时除两脚外,身体任一部分着地,互不得分。

⑦一方运动员在一局比赛中,违例累计达3次,判对方得1分。

（2）优势获胜:

①在一局比赛中,当比分为8:0时,得8分者为该场胜方。

②在一局比赛中,当得分之差达10分时,得分领先者为该场胜方。

（3）违例:

①抢先违例。运动员抢在裁判员发出"开始"口令前,发力拧杆,成绩无效,判违例1次。

②把位违例。凡运动员后手前移,离开后把位置;或前手超出把位前标志线;成绩无效,判违例1次。

③消极违例。双方在比赛中如超出5秒不进攻,裁判员将指令其中一方主动进攻;听到指令后超出5秒仍不进攻,判违例1次。

（六）桩上徒搏

1.比赛方式

（1）赛法:

①第一局由红方选取桩位和前置脚;第二局和第三局中间双方交换场地。

②每局以得分多少决定胜负。

（2）比赛过程:

①上场。裁判员发出"上场"口令后,双方运动员站上比赛桩位,致礼。

②预备。裁判员发出"预备"口令后,双方运动员起手成"单搭手式"。

③开始。裁判员发出"开始"口令后,运动员开始徒搏。

④结束。裁判员发出"时间到"信息(锣声)后,运动员即刻停止进攻,致礼,下桩退场。运动员下桩方式,不影响比赛成绩。

2.评判方法

（1）得分标准:

①一方运动员跌落桩下,对方得2分。

②双方运动员同时跌落桩下,互不得分。

③双方运动员依次跌落桩下,后跌落者得1分。

④一方运动员身体任一部分扶靠桩体,对方得1分。

⑤一方运动员在一局比赛中,被判3次违例,对方得1分。

（2）优势获胜:

①在一局比赛中,当比分为10:0时,得10分者为该场胜方。

②在一局比赛中,当得分之差达12分时,得分领先者为该场胜方。

(3)违例:

①抢攻违例。运动员抢在裁判员发出"开始"口令前,发力进攻对手,成绩无效,判违例1次。

②拉人违例。一方运动员在比赛中用手死缠硬拉对方,判违例1次。

③方法违例:

a.凡运动员比试时推击对方有效部位之外,每出现1次判违例1次,成绩无效。

b.用手指戳击对方,每出现1次判违例1次,成绩无效。

c.用拳击打对方,每出现1次判违例1次,成绩无效。

d.用脚踢打对方身体任何部位,每出现一次判违例1次,成绩无效。

e.抓握对方手臂超过2秒钟,每出现一次判违例1次,成绩无效。

f.抓握对方身体除手臂以外任一部位,或者抓拉对方衣服,每出现一次判成绩无效。

g.用肘、膝或头撞击对方,每出现一次判违例1次,成绩无效。

④消极违例。双方在比赛中如超出5秒不进攻,裁判员将指令其中一方主动进攻;听到指令后超出5秒仍不进攻,判违例1次。

(4)僵持的处理方法。双方相抗,僵持达5秒钟,判令双方分开,重新搭手比赛。

(七)夺桥徒搏

1.比赛方式

(1)赛法:

①第一局由红方选取前后脚;第二局和第三局中间双方交换场地。

②每局以得分数量的多少决定胜负。

(2)比赛过程:

①上场。裁判员发出"上场"口令后,运动员站上独木桥,致礼。

②预备。裁判员发出"预备"口令后,两人前小臂内侧相搭,前掌掌根与前脚尖垂直,后手附于前臂内侧,成"单搭手式"。

③开始。裁判员发出"开始"口令后,运动员开始徒搏。

④结束。裁判员发出"时间到"信息(锣声)后,运动员即刻停止进攻,致礼,由桥端下桥退场。运动员下桥方式,不影响比赛成绩。

2.评判方法

(1)得分标准:

①一方运动员跌落桥下,判对方得2分。

②双方运动员同时下桥,互不得分。

③双方运动员依次下桥,后下桥者得1分。

④一方运动员身体任一部分扶靠桥体,判对方得1分。

⑤一方运动员在一局内被判3次违例,判对方得1分。

（2）优势胜利：

①在一局比赛中,当比分为10：0时,得10分者为该场胜方。

②在一局比赛中,当得分之差达12分时,得分领先者为该场胜方。

（3）违例：

①抢攻违例。运动员抢在裁判员发出"开始"口令前,发力进攻对手,成绩无效,判违例1次。

②拉人违例。一方运动员在比赛中用手死缠硬拉对方,判违例1次。

③方法违例：

a.凡运动员比赛时推击对方有效部位之外,每出现1次判违例1次,成绩无效。

b.用手指戳击对方,每出现1次判违例1次,成绩无效。

c.用拳击打对方,每出现1次判违例1次,成绩无效。

d.用脚踢打对方身体任何部位,每出现1次判违例1次,成绩无效。

e.用摔跤中的抱摔法攻击对方,每出现1次判违例1次,成绩无效。

f.抓握对方手臂超过2秒钟,每出现一次判违例1次,成绩无效。

g.抓握对方身体除手臂以外任一部位,或者抓拉对方衣服,每出现一次判违例1次,成绩无效。

h.用肘、膝或头撞击对方,每出现一次判违例1次,成绩无效。

④消极违例。双方在比赛中如超出5秒不进攻,裁判员将指令其中一方主动进攻;听到指令后超出5秒仍不进攻,判违例1次。

（4）僵持的处理方法。双方相抗,僵持达5秒钟,判令双方分开,重新搭手比赛。

四、自选项目评判方法与标准

（一）比赛方式

（1）参赛者不分年龄、性别、体重。

（2）按克服重力组、击打能力组、灵敏能力组和其他能力组,分组进行表演赛。参赛选手按抽签排定表演赛顺序。

（3）"自选项目"完成项目表演的时间,每项不得超过3分钟。如有超时要求,应于赛前向大会申报,获准后方可按批准时间进行表演。否则,表演到3分钟时,裁判即通告停止。

（二）评分方法

（1）5位裁判员打分,去掉最高分和最低分,取3个中间分的平均数为运动员应得分。

（2）运动员的应得分加上或减去裁判长调整分,为运动员最后得分。

（3）裁判长根据运动员的表演水平,有权通过加分或减分调整运动员的最后得分。裁判长加分或减分的权限,9分以上不能超过0.1分,8分以上不能超过0.2分,8分以下不能超过0.3分。

（4）由裁判长当场宣布运动员最后得分。

（三）评分标准

最高分为10分，从以下4个方面进行评判：

（1）特点鲜明，技术真实，占3分。

（2）方法合理，功力深厚，占4分。

（3）动作到位，观赏性强，占2分。

（4）精神饱满，文明健康，占1分。

五、特邀汇演项目评判方法与标准

特邀汇演项目按照竞赛规程规定执行。

六、口令、手势、场地武术

（一）裁判员口令与手势

1. 场上裁判员口令与手势

（1）抱拳礼。两臂抬起至体前，与额状轴、矢状轴、水平轴的夹角均约为45°；上动不停，左掌、右拳环抱于胸前，左掌掩于右拳面，掌指向上，右拳心向下，高于胸齐，手与胸之间的距离为20~30厘米，眼向前看或注视受礼者。该手势的开始与结束动作，均是并步站立姿势；以下各手势与此相同。

（2）上场：

①个人竞技项目武单臂抬起至肩平，掌心向上，指向运动员；在发出"上场"口令的同时，握拳屈肘内收，大臂水平，大、小臂相垂直。

②双人对抗项目武两臂抬起至肩平，掌心向上，两臂之间的夹角约为150°；在发出"上场"口令的同时，两手握拳，屈肘内收，大臂水平，大、小臂相垂直。

（3）下场：

①个人竞技项目一手掌心向上托至胸前，然后向外侧穿出，掌心向上，高与肩平；同时发出"下场"口令。

②双人对抗项目。两手掌心向上托至胸前，然后向两侧穿出，掌心向上，高与肩平；同时发出"下场"口令。

（4）"预备—开始"。两臂抬起至肩平，掌心向上，两臂之间的夹角约为150°；在发出"预备"口令的同时，屈肘内收，两手掌于胸前相交，中指相对；在发出"开始"口令的同时，右掌向前伸出，掌心斜向上，右手臂与额状轴、矢状轴、水平轴的夹角均约为45°，左掌按于左髋外侧，掌心向下。

（5）试做：

①第1次试做武右臂经体前直臂上举至垂直位置，食指伸直，拇指扣压于中指和无名指之上，小指内屈；同时发"第1次试做"口令。

②第2次试做。右臂经体前直臂上举至垂直位置,食指与中指分开伸直,拇指扣压于无名和小指之上;同时发"第2次试做"口令。

③第3次试做。武术右臂经体前上举至垂直位置,拇指、食指、中指分开伸直,无名指和小指内屈;同时发"第3次试做"口令。

（6）违例。右（左）臂抬起至肩平,掌心向上,指向运动员;在发出"违例"口令的同时,左（右）臂屈肘回收至右（左）臂肘关节之下,大、小臂相垂直,掌心朝下。

（7）无效。两臂摆至体侧,与垂直轴的夹角约为30°,掌心向后;在发出"无效"口令的同时,两掌在腹前交叉,掌心向内,然后又摆动至体侧。

（8）失误。右臂屈肘内收至异侧肩前,掌心相下;在发出"失误"口令的同时,右掌由肩侧向斜下方挥摆,掌心向下,手臂与水平轴的夹角约为45°。

（9）进攻。指定进攻武单臂抬起至肩平,手掌向上,指向某方运动员;在发出"进攻"口令的同时,手掌变拳横摆指向另一方运动员,拳心向内。

（10）停。在发出"停"口令的同时,右掌由体侧向体前劈出,手臂与矢状轴的夹角约为45°。

（11）休息。两臂抬起至肩平,掌心向上,两臂之间的夹角约为150°;在发出"休息"口令的同时,两掌下按至腹前,两臂之间的距离约与肩宽。

（12）交换场。两臂抬起至肩平,掌心向上,两臂之间的夹角约为150°;在发出"交换场地"口令的同时,两臂在胸前上下交叉环抱,右掌抱至左肩前,左掌抱至右肘下,两臂之间的距离为20~30厘米。

（13）急救。面向医务席站立,两手立掌,两臂在胸前十字交叉。

（14）成功。右掌置于左侧腹前,在发出"成功"口令的同时,右手臂向右斜上方挥出,掌心斜向上,手臂与水平面的夹角约为45°。

（15）得分:

①得1分。一手臂抬起至肩平,掌心向上,指向运动员;在发出"得1分"口令的同时,另一手臂经体前直臂上举至垂直位置,食指伸直,拇指扣压于中指和无名指之上,小指内屈。

②得2分。一手臂抬起至肩平,掌心向上,指向运动员;在发出"得2分"口令的同时,另一手臂经体前直臂上举至垂直位置,食指与中指分开伸直,拇指扣压于无名和小指之上。

（16）获胜。场上裁判员平行站于两名运动员中间,在发出"某方胜"口令的同时,一手握获胜运动员手腕上举;随即转体180°,重复上述动作一次。

2.助理裁判员口令与手势

（1）出界。一手臂向体侧外摆,掌心斜向下,手臂与水平轴的夹角约为45°。

（2）没出界。一手臂抬起至肩平,掌心向上,指向运动员;然后,屈肘内收,手掌置于胸前,掌心向内。

（3）没看清武两臂抬起至肩平,掌心向上,两臂之间的夹角约为150°;然后,屈肘内收,两掌在胸前相叠,掌心向内,大臂水平,掌与胸之间的距离为20~30厘米。

（二）全场场地示意图

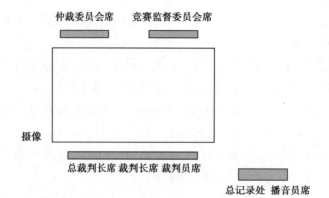

　　本章详细介绍了武术教学的特点，揭示了武术教学中应注重的方面。另外，在本章中还详细给出了武术教学应该遵循的原则以及武术教学的方法，奠定了武术教学的理论基础。同时，本章总结了武术套路竞赛、散打竞赛以及武术功力竞赛的详细规程、裁判法规、详细流程等相关事宜，为武术相关竞赛的开展提供了准确依据。

【回顾与练习】

1.武术教学的特点有哪些?

2.武术教学的原则是＿＿＿＿、＿＿＿＿、＿＿＿＿。

3.武术教学方法有哪些?

4.常规教学法的具体方法是什么?

5.竞赛规程应包括哪些内容?

6.编排组的职责是什么?

7.各个竞赛的评分方法是什么?

第五章
武术套路与技法分析

【学习目标】

在学生了解与理解武术技法含义的基础上，掌握不同武术套路的主要技法特点，并且能够在学、练过程中突出不同武术套路的演练风格。

【学习任务】

（1）理解武术套路中技法的基本概念与要求。

（2）掌握武术套路中不同套路的主要技法内容与特点。

（3）掌握和演练出不同武术套路中的主要技法要点与风格。

【学习地图】

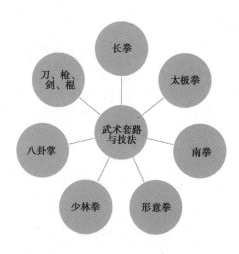

第一节 长 拳

一、概述

　　长拳是现代竞技武术运动中的主要拳种之一。中华人民共和国成立之后,国家体委在汲取广泛流传的查、华、炮、红、少林等传统拳种的基础上发展起来的新拳种。长拳是一种姿势舒展、动作灵活、快速有力、节奏鲜明,并结合蹿蹦跳跃、闪展腾挪、起伏转折、跌仆翻滚等动作与技术的拳术。长拳的动作幅度舒展,关节活动范围较大,对肌肉和韧带的柔韧性、弹性等都有较高的要求。

　　"长拳"一词最早记载于明朝戚继光《纪效新书·拳经捷要篇》中的"古今拳家,宋太祖有三十二势长拳"。以长拳命名的主要武术套路有长拳三十二式、太极长拳等,这些长拳与今日长拳技术的内容、风格、特点迥然不同。现代长拳套路,还包括长拳类器械,如刀、枪、剑、棍套路,既适合武术的基础训练,又适合于竞赛,是我国重点推广普及的武术项目之一。

　　长拳的内容包括基本功、基本动作和组合动作、单练套路、对练套路。单练套路又分为规定套路和自选套路。

(一)规定套路

　　规定套路是由国家体育总局统一编制的套路,各级套路均有拳术套路、刀术套路、枪术套路、剑术套路、棍术套路,每个套路都由不同难度和数量的规定动作组成,具有严格的统一规范和标准。20世纪50年代有初级和甲、乙组套路,以后又有"少年拳""青年拳"等套路。随着武术套路运动在国内的发展和推向世界的需要,1989年为第11届亚运会创编的第一套国际规定武术竞赛套路,其中包括长拳;2001年由国际武术联合会组织编写的第二套国际规定武术竞赛长拳;2013年由王玉龙、徐伟军主编,来自中国、美国、日本、马来西亚、中国澳门等国家和地区的15名教练员和裁判员及专家参与创编的第三套国际武术竞赛套路,包括长拳在内。

(二)自选套路

　　自选套路是指练习者为了根据竞赛的需要,依据自我身体素质和技术风格创编的武术套路。武术竞赛规则对自选套路的规定动作数量、组别、规格、路线及完成整套动作的时间等均有统一要求和严格规定。其中自选长拳套路至少要包括三种手形,五种主要步型,一定数量的拳法、掌法、肘法,以及不同组别的腿法、跳跃、平衡等动作。

　　随着武术套路运动的蓬勃发展,对自选套路的规格性和艺术性要求更高,促使其向"高、难、美、新"的方向发展。

二、主要技法特点

　　长拳的传统技法包含"八法"，即手、眼、身、步、精神、气、力、功，也即手法、眼法、身法、步法、精神、气息、劲力、功夫8个方面。其各个技法的要求：拳如流星眼似电，腰如蛇形步赛粘，精力充沛气宜沉，力要顺达功要纯。

（一）手要快捷

　　长拳的手法要求"拳如流星"，快速、有力、敏捷。这不仅要求拳法和掌法如此，肩臂的动作也如此。即使是一个抖腕、刁手的小动作，也要做得干净利落，没有拖泥带水的感觉。

　　在长拳套路运动中，上肢运动要达到"拳如流星"的要求，就必须松肩活肘，使肩、肘、腕等关节节节贯穿，灵活顺畅，若肩肘僵硬，就会使手法呆板，从而使手法的速度所产生的力量减小；其次，也不能使整个长拳套路都处于飞快、杂乱无章的状态，应做到快慢相间，动静有致，"静如处子，动如脱兔"。不动则已，一动就要非常迅速。"拳如流星"的要求，只是指活动的动作，而不是指所有的动作。要求整个拳路快而有章，快得疾，静得稳，在运动过程中有动有静，要突出长拳动静结合、快慢相间的特点。

（二）眼要明锐

　　长拳的眼法要求"眼似电"，要明快、锐利。眼法在长拳运动中不是单独活动的，它必须"眼随手动""目随势注"。手法要像流星般地迅快、敏捷、有力，眼睛的注视、随视等要相应地像"闪电"般明快锐利。这种手到眼到的眼法变化，不仅与手法有着密切的关系，也和颈部的活动有关。随着眼法的左顾右盼、上看下视，颈部的灵活及快速转头的配合，也是非常必要的。同时，更重要的是眼法还涉及动作意向的问题。一般来说，长拳的动作都具有较强的攻防意识，这种意识不仅表现在动作上，而且还体现在眼神的变化中，即使是静止时的状态，也要含有伺机待发的意识，给人一种虽静犹动之感，正所谓"势断劲不断，劲断意相连"。因此，眼法应做到"眼随手动、目随势注""明锐似电"。

（三）身要灵活

　　长拳的身法要求"腰如蛇行"，要柔软、灵活、自如。身法在长拳套路运动中表现为闪、转、展、缩、折、弯、俯、仰等不同变化，这些身法的变化主宰于腰，俗话讲"腰为中轴"。其次，身法主要是通过胸、背、腰、腹、臀5个部位来体现。在运动时要求灵活多变，在由运动时转入静止时要求挺胸、直背、塌腰、收腹、敛臀。运动中则要求"体随势变"，身法灵活。不同的动作采取不同的身法变化与手、眼、步、腿诸法的协调配合，才能达到"腰如蛇行"。这就是所谓的"动圆定方"。

（四）步要稳固

　　长拳的步法要求"步赛粘"，灵活、稳固。"先看一步走，再看一伸手"；"打拳容易，走步难"；"步不稳则拳乱，步不快则拳慢"，生动形象地说明了步法在长拳套路运动中的重要作用。要求各种步法在运动时既要轻快，又要像胶粘在地上一样稳固，不掀脚、不拔跟；它不能受上肢、躯干活动的影响，反过来还要结合上肢、躯干的活动提供必要的稳固条件。只有做到步法稳固、灵活、轻快, 才能达到步快催动拳速, 步到拳到, 上下协调一致。

（五）精要充沛

长拳的精神要求 "精力充沛", 充沛、饱满、贯注。充沛如江河怒潮, 饱满如雷霆震怒, 贯注如鹰视猎物。这种 "怒" 绝不是直眉横目、龇牙咧嘴的凶狠, 而是具备战斗意识, 把自己摆进一种充满战斗的场合里。这种 "怒" 不仅表现在脸面上, 更应表现在拳势上, 将气吞山河的精神和勇武的意识贯注于运动之中, 犹如擒龙打虎之势, 惊天地, 泣鬼神。

（六）气要下沉

长拳的气息要求 "气宜沉", 气沉丹田。长拳运动结构较复杂、动作快速、运动量大, 这个特点决定了长拳运动对氧含量要求高。如果不善于合理掌握和运用呼吸方法, 就容易使气血上涌, 气往上浮则内部空虚, 空虚则气促, 气促则吸入的氧气不足, 氧不足则呼吸力短, 力短则运动不能长久, 同时, 动作紊乱, 运动的平衡性也必然会遭到破坏。所以, 在长拳运动中, 要注意运用腹式呼吸法, 掌握好 "蓄气"。这样才能使运动持久。在长拳套路运动中, 主要的呼吸方法有 "提、托、聚、沉", 在运动中最常用的是 "气沉丹田" 的腹式呼吸, 但是, 在运动中呼吸方法的选择要随着动作的变化而相应地变化。但是, 必须始终遵循 "气宜沉" 的基本要求。

（七）力要顺达

长拳的劲力要求 "力要顺达"。长拳套路运动中发力若不顺, 则会使动作僵硬、呆板, 破坏动作结构和套路节奏。因此, 要做到用力顺达, 需首先明 "三节"、懂 "六合"。三节, 以上肢来说手是梢节, 肘是中节, 肩是根节; 以下肢来说, 脚是稍节, 膝是中节, 胯是根节。六合, 是指手、肘、肩、脚、膝、胯六个部位的协调配合。比如弹踢腿, 它必须是 "起于根, 顺于中, 达于梢", 三节贯通, 才能使力顺而不僵硬。所以, 长拳运动中一定要掌握 "三节", 掌握用力顺序, 劲力才能顺达。

（八）功要纯青

长拳的 "功" 法要求 "功要纯", 这里的 "功", 是指长拳的技术及运用的技能与技巧。"功夫不到总是迷, 功夫是练出来的", 功夫要达到像炉火一样纯青, 首要的是要在技术规范化的前提下, 不断坚持练习, 才能使体能和技能不断提高, 技艺不断升华, 功夫与日俱增, 从而达到理想的境界。

（九）四击合法

"四击" 是指武术中踢、打、摔、拿四种技击法则, 四击合法是指长拳中的动作方法要符合这四种技击法则。这四种技击法则又各有其具体内容: 踢法有蹬、踹、弹、点、摆、扫等; 打法有冲、撞、挤、靠、崩、劈、砸、挑、拦等; 摔法有踢、别、拱、切、掏、刀、勾等; 拿法有刁、拿、锁、扣、封、错、截等。这些技术内容都有着严格的要求, 一招一式都要严格遵循四击法则。若偏离这些技击法则, 就不能真实地再现不同动作的攻防意义, 也就失去了长拳技击动作的攻防意识与价值。

（十）以形喻势

长拳在运动时有"十二形"之说，即动如涛、静如岳、起如猿、落入鹊、立如鸡、站如松、转入轮、折如弓、轻如叶、重如铁、缓如鹰、快如风。生动展现了长拳运动中的动、静、起、落、立、站、转、折、轻、重、缓、快12种态势。

动如涛：运动之势。在武术演练中的气势要像江海的波涛一样激荡不已，滔滔不绝，富有节奏感。

静如岳：静止之势。当静止的时候要像高山那样巍峨耸立、稳如磐石。

起如猿：跳起之势。腾空纵跳时要如猿猴般轻灵、敏捷、矫健。

落入鹊：降落之势。从高向下落的动作要像喜鹊登枝般轻稳、飘逸。

立如鸡：单腿独立之势。在套路演练中，由运动转静止动作时，要像雄鸡一腿支撑身体时那样稳健。

站如松：两脚站立之势。要像苍松那样挺拔、刚健、富有生气，静中蕴动。

转如轮：旋转之势。凡是抡绕的动作要像车轮绕着车轴转动一样，既要有轴心的依托，又要有飞轮之势，达到圆的要求。

折如弓：折叠之势。当躯体俯仰折叠扭转时，要像弓那样富有弹力。或像弹簧那样一样内含旋转力和弹力。

轻如叶：轻飘之势。凡是轻盈的动作要像树叶一样轻飘，落地毫无声息。

重如铁：沉重之势。当重之时，要像钢铁砸地般沉重，富有渗透力。

缓如鹰：缓慢之势。要像雄鹰在空中盘旋那样全神贯注，毫无懈怠之意。

快如风：快速之势。当动之时，如疾风扫叶，迅雷不及掩耳。但忌"快而乱、快而毛"。

第二节　太极拳

一、概述

太极拳是武术主要拳种之一，是以中国古代的太极、阴阳学说为理论基础，顺乎人体的自然规律，强调养练结合，完整形成于清代。形成过程中，曾称为"长拳""绵拳"等。"太极"一词源于《周易·系辞》："易有太极，是生两仪……"，含有至高、至极、无穷之意。太极拳的取义是因为太极拳拳法变幻无穷，含意丰富，用中国古代的"太极""阴阳"这一哲学理论来解释和说明。

太极拳主要有陈式、杨式、吴式、孙式、武式、赵堡架等。中华人民共和国成立后，又编写了简化太极拳、四十八式太极拳、八十八式太极拳及各类太极拳竞赛套路等，广为流传。较为典型的太极拳器械为太极剑、太极刀、太极大枪、太极七星杆等。近代以来，太极拳的国际化推广迅速发展，各类大型的国际性武术比赛中均设有太极拳项目。第11届亚运会开幕式上，中日两国太极拳爱好者1 500人进行了大规模的太极拳表演，引起了世界性轰动。

（一）陈式太极拳

陈式太极拳为温县陈氏世传太极拳原式，其特点是刚柔相济、快慢相间，又称大架式。著名传人有：十四世陈长兴、十五世陈清萍、十六世陈延熙。陈式又有老架、新架两派。新架由老架衍化，更加紧凑，出自温县赵堡镇陈氏后代，又称赵堡派。

（二）杨式太极拳

杨露禅从陈长兴处学拳，得老架之传而创杨式。传至其孙杨澄甫（1883—1936年）而定型。其特点是拳式开展、舒展大方、动作柔和，也属大架式，流传极广。著名传人有：杨露禅之子杨班侯（1837—1892年）、杨健侯（1839—1917年）、杨健侯之子杨少侯（1862—1930年）、杨澄甫。杨澄甫先生曾任南京中央国术馆、浙江省国术馆教务长，著有《太极拳体用全书》。其弟子河北李雅轩（1894—l976年），对太极拳的推广（特别是在全国的推广）作出了贡献。现在广泛流行的简化太极拳，以及八十八式太极拳，就是国家体委根据杨式太极拳整理编成的。

杨式太极拳的特点是：架式舒展简洁，结构严谨，身法中正，不偏不倚，动作和顺，刚柔内含，轻灵沉着，兼而有之。练法阶段上，由松入柔，积柔成刚，刚柔相济。[1]

（三）吴式太极拳

满族人吴全佑从杨露禅、杨班侯父子学拳，传其于吴鉴泉（1870—1942年）而创吴式，在杨式太极拳的基础上，在慢架中，去掉重复和跳跃动作，经过修润和充实，使拳架更加柔和规矩，体现出功架紧凑、安静自然、招势严密、细腻绵柔，符合太极阴阳理论的特有风格，从而自成流派一直流传至今。此外，吴式太极拳还保留有较多的传统器械项目，如太极剑、太极对剑、太极刀、太极十三枪（大枪）、太极扎四枪和粘杆等。深受广大太极拳爱好者的喜爱，成为普及程度较高的太极拳套路之一。其特点是架式紧凑，长于柔化，又称中架式太极拳。

（四）武式太极拳

武式太极拳由武禹襄创立。武师承陈氏十五世陈清萍，学得新架太极拳，并加以创新。其特点是紧凑轻捷，尤以武氏太极推手著称于世，又称小架式。武氏太极推手，着重于身法、步法，其技击之听、引、化、拿之劲法，又以多变而实用著称。

1　顾留馨.杨式太极拳[M].上海：上海教育出版社，2005：2.

（五）孙氏太极拳

创始人孙禄堂（1861—1932年），形意、八封名家，师从武禹襄的再传弟子郝为真学艺而创孙式。特别小巧紧凑，步活身灵，也属小架式。由于阴阳开合之说，故又称开合太极拳。

二、主要技法特点

太极拳虽有"不在形式，在气势；不在外面，在内中"和"重意不重形"的说法。但对初学者来说，还是应该先重形、后重意，先求姿势正确，并在连贯复杂的动作中处处保持正确的姿势，打好基础，才有利于技术的逐步提高。这里只概括地说明其技术要求，以便使初学者有一个全面的概念。

（一）虚领顶劲

虚领顶劲即"头顶悬"。练拳时，头要正直，不低头，不仰面，不左右歪斜，转动时要自然平正，要防止摇头晃脑。头要正直，要求头顶的百会穴要始终有轻轻往上顶起之意，百会穴与会阴穴要保持垂直的姿势，即所谓"上下一条线"。顶劲不可太过，也不可不及，要虚虚顶起，若有若无，不可硬往上顶。要使头正，顶乎，还必须使颈项端正竖直，下须里收。只有做到虚领顶劲，精神才提得起来，动作才能沉稳、扎实。

（二）气沉丹田

气沉丹田，是身法端正，宽胸实腹，意注丹田，意识引导呼吸，将气徐徐送到肚脐下。不许使力硬压小腹，要求"以意行气"，达到太极拳"身动、心静、气敛、神舒"的境地。太极拳的腹式呼吸有助于膈肌的升降活动，使肺部和腹部有规律地收缩和舒张，这样能使"气沉丹田"有升有降，不致形成始终"气沉丹田"无降无升的片面性。丹田以上之气，用意下沉；丹田以下之气，用圆裆提肛之法，使之上提于丹田，这样上下皆轻灵，而重点全于丹田，即沉实，称为"气沉丹田"。

另外，太极拳的呼吸要适应拳势的要求，应根据动作的开合、屈伸、起落、进退、虚实等变化，自然地配合，一个动作里往往就伴随一呼一吸，而不是一个动作固定为一吸或是一呼。这样与动作自然配合的方法运用得当，可使动作更加协调、圆活、轻灵、沉稳。

（三）含胸拔背、松腰敛臀

含胸拔背，即锁骨保持平稳而微下沉。胸肌放松，胸廓微向内含，使胸部有松快的感觉，称作"含胸"；背肌放松，两肩胛骨外展，同时下沉，脊柱要在背肌牵引下节节松沉直竖。两肩中间颈下第三脊骨微有鼓起上提之意，使这部分皮肤有绷紧的感觉，称作"拔背"。

（四）松腰敛臀

练习太极拳，腰脊尤其重要。拳论中说，"腰如车轴，气如车轮，用力在腕，机关在腰"。"腰脊为第一主宰"，"十三总势莫轻视，命意源头在腰际"，"刻刻留心在腰间，腹内松净气腾然"，这都是说腰脊在练习太极拳过程中起着主宰作用。

腰是上下体转动的中轴，对全身动作的变化、调整重心的稳定以及使劲力到达肢体各部分，都起着主要决定作用。太极拳对腰部的要求是：松、沉、直。"松而沉"是为了使"气沉丹田"能够沉得充分。使上体气不上浮，下肢稳定有力，更主要的是它对动作的进退旋转、用躯干带动四肢及动作的完整性起到主导作用。腰部在松沉的前提下，还需"正直"。在松沉中，有向上顶和拔长之意就能直，腰直就表明在动作的转动时，中轴不弯，不摇晃，只有中轴不弯、不摇，才能使内劲达到支撑面的灵活功用，而不致偏向一面。偏于前后为俯仰病，偏于左右为歪斜病。

腰部的松、沉、直，是使脊柱有正常的弯曲，减少前弓形的弯曲度，能够增加脊柱的弹性以缓冲震动，起到护脑作用。

（五）圆裆松胯，尾闾中正

裆即会阴部位，头顶百会穴的"虚领顶劲"要与会阴上下相呼应，这是保持身法端正"上下一条线"的锻炼方法。裆要圆，就必须注意两胯撑开，两膝微向里扣，两腿内侧有夹住一圆球之意。另外，会阴处虚上提，裆自会实，加上腰的松沉，臀的收敛，自然产生裆劲。松胯可使耻骨联合和坐骨结节上的关节间缝扩大，运动幅度加大，腿部的弧形运动更加灵活，使内劲上升到腰脊。拳论中说的"开裆贵圆，使来脉虚灵"就是这个意思。

尾闾中正是尾骨骨节要始终对准胸腹部正中线，意似托起丹田，腹部正中线欲向何处，尾骨骨节即直对何处，对动向起到掌握方向的作用，使动作在任何角度上都保持"身正"，可以说尾骨骨节是动作姿势"中正安舒""支撑八面"的准星，其对下盘动作的稳固也起着重要的作用。

（六）沉肩坠肘，舒指坐腕

练太极拳时，不论以身领手或以手领身，都是顺势转圈的，因此要求手臂在伸缩转圈时要松柔圆活。手臂能否松柔圆活，关键在于肩关节能不能松开。通过练习达到自然松活的要求后，还需进一步锻炼肩的"沉劲"；同时，肘关节也需微屈并具有下垂劲，两者合一，即为"沉肩垂肘"。它有助于"含胸拔背"的自然形成，如果耸肩抬肘，就会破坏"含胸拔背"的姿势，不利于"气沉丹田"。"沉肩垂肘"时要注意腋下留有一掌距离，手臂有回旋的余地。另外，久练之后，两臂除沉之外，还要有微向前合抱的意思，两肘要有微向里的裹劲，使劲力贯穿到上肢手臂，从而加大手臂在伸缩、升降、缠绕中的力量。

舒指坐腕，实际上是将周身劲力通过其根在脚，发于腿，主宰于腰，形于手指，而完整体现出来，做到"完整一气""周身一家"。练拳时五指要自然伸直，不可用力并紧或用力张开。拇指与食指不能并在一起，须分开撑圆，即"虎口"要圆。在手臂的伸缩、升降、缠绕过程中，腕部应柔活、有韧性地运转。腕部的沉着下塌，可使手臂徐徐贯注内劲。

>> 【知识拓展】

太极拳练习要点

一、心静体松。所谓"心静"，就是在练习太极拳时，思想上应排除一切杂念，不受外界干扰；所谓"体松"，不是全身疲沓，而是指在练拳时保持身体姿势正确的基础上，有意识地让全身关节、肌肉以及内脏等达到最大限度的放松状态。

二、圆活连贯。"心静体松"是对太极拳练习的基本要求。而是否做到"圆活连贯"才是衡量一个人功夫深浅的主要依据。太极拳练习所要求的"连贯"是指多方面的。其一是指肢体的连贯，即所谓的"节节贯穿"。肢体的连贯是以腰为枢纽的。在动作转换过程中，则要求：对下肢，是以腰带胯，以胯带膝，以膝带足；对上肢，是以腰带背，以背带肩，以肩带肘，再以肘带手。其二是动作与动作之间的衔接，即"势势相连"——前一动作的结束就是下一个动作的开始，势势之间没有间断和停顿。而"圆活"是在连贯基础上的进一步要求，意指活顺、自然。

三、虚实分明。要做到"运动如抽丝，迈步似猫行"，首先要注意虚实变换要适当，是肢体各部在运动中没有丝毫不稳定的现象。若不能维持平衡稳定，就根本谈不上什么"迈步如猫行"了。一般来说，下肢以主要支撑体重的腿为实，辅助支撑或移动换步的腿为虚；上肢以体现动作主要内容的手臂为实，辅助配合的手臂为虚。总之，虚实不但要互相渗透，还需在意识指导下变化灵活。

四、呼吸自然。太极拳练习的呼吸方法有自然呼吸、腹式顺呼吸、腹式逆呼吸和拳势呼吸。以上几种呼吸方法，不论采用哪一种，都应自然、匀细，徐徐吞吐，要与动作自然配合。初学者采用自然呼吸。

第三节　南　拳

一、概述

南拳是中国武术主要流派之一，泛指流传于我国长江流域及南方各地的诸多拳种，主要盛行于我国南方地区。它流传的地域主要包括广东、广西、福建、湖南、湖北、四川、江西、江苏、浙江等，是目前国内外武术比赛的重点项目之一。

据史料记载，"南拳"一词作为武术词语使用，最早出现于明代隆庆二年（1568年），距今已有四百多年的历史。关于南拳的起源，流传着一个故事，说是福建有一座少林寺，为嵩山少林的分支，人称"南少林寺"，寺中僧人世代习武。康熙年间，西鲁国来犯，无人可敌，福建少林寺僧人请缨出征，大破西鲁国，班师凯旋。不久，有奸人进谗，清廷派兵围剿福建少林寺，将该寺焚毁，寺中仅有五僧幸免于难。这五位僧人四处寻访英雄豪杰，创立了洪门（天地会），立誓"反清复明"。福建、广东、湖北一带的南拳都由这五位僧人传出，因此，尊他们为南拳"五祖"。

南拳在我国源远流长，历史悠久。据《小知录》记载：在明代有"使拳之家十一""使枪之家十七"，其拳有"赵家拳""南拳""勾挂拳""披挂拳"……可见，南拳在四百多年前已被载入史册。由于历史的发展，加之各地人们的传习关系，使南拳形成了各具特色的不同流派。

（一）广东南拳

广东南拳极为盛行，有洪家拳、刘家拳、蔡家拳、李家拳、莫家拳五大流派。还有蔡李佛拳、虎鹤双形拳、佛家拳、侠家拳、刁家教、岳家教、朱家教等。据调查，广东的各种南拳和器械套路就有300多种。

（二）福建南拳

福建南拳遍及全省各地，主要盛行于福州、厦门、泉州、莆田、漳州，以及永春、连城等市（县）。福州有龙、虎、豹、蛇、鹤五形拳，以及猴拳、犬法、鸡法、鱼法、少林拳、梅花拳、罗汉拳等流派。其他地区还流传有五祖拳（又名五祖鹤洋拳）、连城拳、白鹤拳、五祖白鹤拳、五兽拳、左二拳、南拳四门、虎仔金刚拳、梅花拳、金竹拳等。据1978年福建调研组的调查资料分析，福建的南拳也分内家拳和外家拳，其来源主要是官方和少林寺。

（三）四川南拳

四川南拳也有着悠久的历史。现在四川的派系主要有僧、岳、赵、杜、洪、化、字、会八大流派。僧门拳主要流行于川西、川南一带。岳门拳主要流行于川东、川南等地。赵门拳在川南、泸、纳、宜、南溪等地流行。杜门掌盛行于川北、南充地区。洪门拳在四川流行甚广。化门拳多流行于川东、川北地区。字门拳主要流行于广安、岳池一带，尤以唐家河盛行。会门拳现在练习的人已经不多了。

（四）湖南南拳

湖南南拳有巫、洪、薛、岳四大流派。湖北南拳分为洪、鱼、孔、风、水、火、字、熊八门。江西南拳有字、硬两门。浙江南拳有洪家、黑虎、金刚三大拳系。另外还有温州南拳、台州南拳和江苏南拳等。

中华人民共和国成立以来，于1960年将南拳列为全国武术竞赛项目。1961年后把广东南拳中的虎鹤双形拳编入了全国体育院校通用教材。从1990年十一届亚运会开始，由中国武术协会组织专家，把南拳编成统一的竞赛套路，用于国内外的重大武术比赛中。1992年初，中国武术研究院又组织了部分南拳专家及优秀运动员创编了"南棍""南刀"的竞赛套路，作为我国第七届全国运动会武术比赛的规定套路。因此，南拳发展至今，不论是旁路编排的科学性，风格特点的一致性，还是整体的运动技术水平，都有了较大的发展。

▌▌ 二、主要技法特点

（一）稳马硬桥，长桥大马，短桥小马

稳马硬桥，这里的"马"即是马桩步或是马步。练站马步桩，南拳俗称扎刀。南拳要求桩步稳健，落地似生根，以保证上肢拳法运用的稳固质量。在众多上肢拳法中，南拳更讲究其独特技法——桥法（桥手）的功夫。南拳的"桥"，是指人体上肢前臂的运行，称为"桥手"。"桥法"则是运用前臂进行攻防的技法。硬朗的桥及桥法能使南拳的独到特点发挥得淋漓尽致。有了稳马硬

桥，在实践中南拳提倡"长桥大马，短桥小马"。长桥大马，动作舒展，手臂挥舞幅度大，进退快，发力强，擅发长劲，用于以长攻短、以快打慢；短桥小马，动作紧凑，含蓄发劲，进退灵活，发力快，擅发短劲，用于以短逼长、以闪为进、以活为主、以速制慢。

（二）手法独特丰富

南拳的上肢手法较其他拳种丰富，包括拳法、掌法、勾手，还有爪法、指法、肘法和桥法，尤其是桥法更是区别于其他拳种的显著特点之一。其中爪法、指法和桥法是区别于其他拳种的重要特征之一。爪法中有黑爪、鹰爪、龙爪等；指法中有单指和双指之分；桥法有沉桥、截桥、劈桥、架桥、剪桥、穿桥、滚桥等。南拳练习通常在步型不变的情况下连续完成若干次上肢动作，故有"一势多手，一步几变手"的说法。

（三）气沉丹田，力从腰发

南拳极为讲究气沉丹田，强调沉气实腹，使腹肌加紧收缩，臀部内敛，做到与脱肩团胛、直项圆胸以及五趾抓地，浑然一体，以求上下完整一体，周身劲力一致。俗话说："手从胸口发，力从腰马生"，南拳极为重视腰的作用，它的发力都以腰力来发劲。南拳的发劲，要通过腿、腰、背、肩以及全身的协调一致，贯穿顺达。既强调腰部力量的刚柔并济，也强调腰与腿、背、肩以及全身的协调一致，贯穿顺达，以做到力"发于腿，宰于腰，形于手"。

（四）脱肩团胛，直项圆胸

南拳的身法讲究脱肩团胛。脱肩，是指两肩有意识地向下沉坠；团胛，是使肩胛骨向前微合，形成团状。脱肩下沉，能助于臂、肘的劲力；团胛前合，使背部收紧，有助于发劲前的含蓄。南拳的身法还讲究直项圆胸下颌里收，使颈部伸直。直项是指下颌里收，使颈部伸直。圆胸，是指胸要微含，稍呈圆形。颈直有助予胸、背、肩、肘的劲力合一，圆胸则有助于沉气实腹。

（五）"五合""三催"

"五合"，即手与眼合，眼与心合，肩与腰合，身与步合，上与下合。"三催"，即步催、身催、手催。只要开步出拳，要求身随步转，拳随腰发，收腹蓄劲，先蓄后发。要求手法灵活，步法沉稳生根，"手法快马步生，马不凌乱自有章"，手法与步法必须上下相随、协调一致。在运动时要求"手到、眼到、身到、步到"，目随手动，传神于目，示意于手。要求手、眼、身法、步，精、神、气、力、功配合协调，这样，南拳演练才能达到浑然一体，一气呵成。

（六）快慢相间，发声呼喝

南拳发劲有长劲、短劲、飘打劲、连绵劲与撞抖劲等劲力之分。强调演练时运气鼓劲，长短结合、快慢相间。如像短劲和撞抖劲，要求发力短、劲力快，富有爆发感；而发连绵劲时则要求体刚劲粗，缓慢持久。南拳讲究发声呼喝，一般的喝声有"喝""嘻""哗""嗨""咿"，或是模仿一些动物的发声。随着拳势变化的不同，运用不同的呼喝声，其目的一是壮威势；二是助形象；三是以气催力助劲力。

一、概述

少林寺距离我国河南省登封市西北约13千米，相传是公元495年北魏国孝文帝为来中国传教的印度僧人跋陀所建造。由于寺建立在嵩山支脉少室山阴的密林丛中，故名嵩山少林寺。少林拳因寺而得名，故名少林拳。现在统称的少林拳是少林拳术和器械的总称。

关于少林武术的产生，世人有许多说法，但真正有据可信者应从隋唐讲起。隋末唐初（620年），李渊、李世民父子为争霸天下，与盘踞在洛阳的隋朝大将王世充交战，在战斗的紧要关头，以昙宗为首的少林寺僧，活捉了王世充的侄子王仁则并将其捆绑送至唐营，立下大功。李世民登基之后，"嘉其义烈，颁降玺书宣慰"（少林寺碑），对立功和尚各有赏赐，其中昙宗被封为大将军。这次战斗让少林武僧一战成名，少林寺发展很快，名声日隆。贞观以后，少林寺僧"昼习经曲，夜练武略，修文不忘武备"（西来堂志善碑），揭开了少林武术光辉灿烂的一页，修佛习武也成为少林寺世代相传的独特宗风。

北宋年间，福居和尚做少林住持时，曾邀请全国武术名流云集少林寺，虚心与各派切磋技艺。北宋末年，金兵南侵，少林寺武僧宗印受命率"尊胜队"和"净胜队"两军，进发潼关，与金兵对垒，报效国家。

元朝，崇尚释教，尤尊番僧，少林寺与皇家关系也十分密切，元世祖命福裕大和尚住持少林寺，并统领嵩岳一带所有寺院。此时的少林寺，众常两千。寺僧习武队中，如智庵、智聚、子安、党训等，都是当时身怀绝技的名僧。

明代，少林武术蓬勃发展，誉满天下。少林棍在少林武术中占有重要地位，少林僧所使用的兵器以棍为最闻名。《武备志》作者茅元仪对少林棍给予了很高的评价。他认为，"诸艺宗于棍，棍宗于少林"。特别是在抗倭卫国的战争中，以棍为杀敌武器的"本寺武僧屡经调遣，奋勇杀敌"（少林寺万历二十三年七月碑）。"俱持铁棍长七尺，重三十斤，运转便捷如竹杖，骁勇雄杰，官兵每临阵，辄用为前锋。……抢棍破敌，与者即仆，顷刻毙数倭"《上海掌故丛书·吴淞甲乙倭变志》。少林僧为国为民的英烈壮举谱写了一首首动人的、可歌可泣的雄壮诗篇。

清代，少林寺习武之风极盛。今之少林寺毗卢阁（又名千佛殿）内，青砖地面上尚存当时寺僧练功形成的48个凹陷脚窝，就是少林寺武僧长期从事武功训练的有力佐证。

民国时期，少林武术曾是"国术研究馆"主要学习和研究的内容之一。然而由于当时的军阀混战，又给少林寺带来了灭顶之灾。1928年，国民党军冯玉祥部石友三与建国军樊中秀战于河南，石友三攻占少林寺后，为泄私愤，便纵火焚寺，大火持续40余天，殿堂楼阁等古建筑全被夷为平地，大量珍贵文物也一同化为灰烬。

中华人民共和国成立后，少林寺和少林武术又获得了新生。党和政府不但拨专款修复少林寺，而且对少林武术的发展也十分重视。特别是1982年，香港中原影业公司功夫片《少林寺》的公映，使少林武术兴旺空前。

少林拳是中华武术中一大派系，其内容丰富多彩。目前社会上广为流传的典型拳路就有大洪拳、小洪拳、炮拳、罗汉拳、朝阳拳、梅花拳、通背拳、长拳、关东拳、长护心意门、七星拳、象形拳、心意拳、柔拳、少林太极拳，以及各种器械、对练等。另外，还有与养生功、医学、气功等有关的内容，都是十分宝贵的民族传统文化。

▌▌ 二、主要技法特点

少林拳朴实无华、立足实战，其运动特点也具有鲜明的技击性。

（一）拳打一条线，拳打卧牛之地

少林拳套路繁多，结构紧凑，短小精悍。演练时，起落进退多在一条线上运动。众多少林拳家认为，从实战角度出发，真正交手相搏无非几步之距，直线运动最为有效，方寸之间便有胜败之分。这充分体现了少林拳不受场地大小限制、随时随地均可施展解数和发挥威力的特征。

（二）动作迅猛，快速有力

少林拳要求刚健有力、迅速激烈，即所谓"起手连珠炮，拳打一气连"；"使势千着，以快为先"。在套路演练过程中，要求几个或十几个动作连贯快速，一气呵成。少林拳虽以刚为主，但同时也要求刚柔相济。"刚在他力前，柔在他力后"，动如风，站如钉；重如山，轻如毛；守之如处女，犯之若猛虎；静则以逸待劳，动则使其无喘息之机，如此等等。

（三）曲而不曲，直而不直，滚出滚入，富有弹性

就手法而言，少林拳要求两臂保持一定曲度，冲拳推掌，须蹬腿转腰、抖肩发力。"身以滚而动，手以滚而出"，反对僵直拙力。在完成动作的一瞬间，依手臂的自然反弹力，使手臂形成曲非曲，直非直的态势，为便利继续攻防创造条件。滚出滚入，更是攻防技术的科学反映，旋动可增强攻击力，滚动也有利于防守中对来击者力量的化解。

（四）眼法以目注目

少林拳对眼的要求是必须头随势转，手到眼到，以目注目，"以审敌势"。演练少林拳，眼要明亮有神，眼明方能手快。"虎视眈眈，气息沉沉，目光炯炯，含有神威"，显示咄咄逼人之势。对阵交手，不是注意对方手和身躯，而是观察对方眼神，以目注目，算计对方。

（五）进低退高，起横落顺

少林拳要求进攻时力求重心稳固，身正发力，以加强进攻力度。防守动作则要求动作灵活，灵敏快速。凡退凡落多要求侧顺对敌，以缩小受击面，便于防守与进攻。

（六）注重内外三合的协调配合，以气催力

内外合一、形神兼备是少林拳整体动作的特点。每个招式都必须做到手到、眼到、身到、步到，周身各部位密切配合，协调一致。由于少林拳动作整身紧凑，不宜大开大合，所以对身也有相应的具体要求："肩与胯合，肘与膝合，手与足合"，即所谓外三合。少林拳把思想比作心，"心动勇气生"，"心一颤，四梢皆至，内劲即出"，"心动必形随"，"心与意合，意与气合，气与力合"即所谓内三合。少林拳谱中称："法是拳，力是气，练气行功，送去必用呼，接来必用吸，运气贵乎缓，用气贵于急，气在先行，力在后随。"实际上是讲技击格斗和套路演练中意识与行动的高度统一。

（七）以声助威

少林拳的演练过程中还有一个发声特点，就是以声助威。通常演练者除了在套路结尾时随最后的动作发声"喊"外，演练过程中也常有"呀""呜""哈"等不同发声。这些发声源自腹腔，短促有力，吼声如雷，富有震撼感。

第五节 八卦掌

一、概述

八卦掌是我国流传很广的拳种之一，"八卦"最早见于《易经》中："两仪生四象，四象生八卦。"八卦掌是以八卦学说为理论依据、以掌法变换和行步走转为主的拳术，由于它运动时纵横交错，分为四正、四隅八个方位，与"周易"八卦图中的卦象相似，故名八卦掌。

八卦掌的起源众说纷纭，一种认为：八卦掌起源于"离卦"和"坎卦"。据《蓝筱外史》靖边记中记载："嘉庆丁巳，有山东济宁人王祥教冯克善拳法，克善尽得其术。庚午春，牛亮臣见克善拳法中有八方步，亮臣曰：'尔步伐似合八卦。'克善曰：'子何以知之？'亮臣曰：'尔为离，我为坎，我二人离坎交宫，各习其所习也。'"有人认为他们所习拳法是八卦掌的雏形。但是，有关学者对此进行了研究，发现靖边记记载的牛亮臣和冯克善所习"离卦"和"坎卦"属于梅花拳的范畴。因此，八卦掌来源于"离卦"和"坎卦"之说不可信。

另一种目前较为公认的说法：八卦掌是由清代河北文安县南朱家务人董海川所创。董海川把自身掌握的各种拳术与南方道士演练的"转天尊"（转天尊为左右交替的走圈）的走圈相结合，创编成八卦掌的雏形——转掌。董海川曾在清朝肃王府当拳师，故八卦掌首先在北京一带流传开来，其中，董海川所授徒中以尹福、程廷华、刘凤春、马维琪等较著名，目前流行的八卦掌有以他们的姓氏命名的，如尹派、程派、马派、梁派、孙派等八卦掌。在众多的技术流派中，流传较广的是尹

派、程派。

（一）尹派八卦掌

特点：牛舌掌，小步走圈，趋于急行，出手时冷、脆、硬、快，身法以"吸、合、抽、扭、撇"的卸化为主，善用腿法。

（二）程派八卦掌

特点：龙爪掌，走圈时步幅大，换势讲究摆步、扣步，劲力沉实，多螺旋劲，斜出正入，腿法以点腿为主。

八卦掌练习起来有八个基本变换掌法。最早形成的套路是先天八卦掌，也称"老八掌"。传习中又出现了后天八卦掌，是从先天八卦掌衍化而来，即一掌生八势，八个转掌产生64种掌法。在一定程度上，后天八卦掌的出现大大丰富了八卦掌的套路和练习内容。除此之外，八卦掌在流传的过程中逐渐与各种武术器械相结合，繁衍出许多器械套路，如八卦刀、八卦棍、八卦剑、八卦七星杆、子午鸳鸯钺等，还有对练、散手，近百年来遍及全国，并传播到国外。

二、主要技法特点

（一）三行三势

练习八卦掌时讲究"三行三势"。所谓"三行"，即"行走如龙，动转若猴、换势如鹰"；所谓"三势"，即"行走若蹚泥，两臂似拧绳，走转如推磨"。八卦掌走步要求下盘稳固沉实，平起平落，起步时脚跟不后蹬、落地时脚跟和脚掌同时着地，要行步似蹚泥；八卦掌换掌时，要求平稳洒脱、回身转换敏捷如猴，腰身柔韧，收放自如，连绵不断有如游龙；拧身走转，形如推磨般平稳。八卦掌演练时三盘又要身随步动，掌随身变，步随掌转，上下相随，形成一个整体。

（二）三空三扣

"三空"者，即掌心空，脚心空，胸心空；"三扣"是两肩扣，手心脚心扣，牙齿扣。八卦出掌时要掌心内凹涵空，则掌背绷紧，掌跟有力；行步走转中脚趾抓，脚心有内涵之意，利于下肢稳健沉实；紧背、裹肩、空胸，使胸部微含气下行。

"三扣"与"三空"有密切的内在关联。两肩松沉且微内扣，有助于横向拔背，增加两肩、两膀间的合力，使胸部涵空；手心脚心扣，则有助于掌心、脚心涵空。肩扣胸空，内气到肘；手扣掌空，内气到手；脚扣底空，桩步力厚。扣齿则骨坚筋强。其主要目的在于使上下肢与身躯的肌群处在张力状态下，使八卦掌技法在轻灵之中含蓄有力，外若优柔而内实刚劲，飘而不浮，柔而有骨。

（三）三圆三顶

"三圆"，即脊背团圆，臀部敛圆，虎口张圆。两肩松沉并微扣，则脊背团圆胸自涵，脊背绷紧，身躯含劲，其力催身，内力外送；塌腰坐胯，实腹敛臀，可防止提腹、撅臀，有助于上体节节松沉下坠，内气传承疏导；虎口圆撑，气贯指掌。其劲力主宰于腰，行于背，背催肩，肩催肘，肘催手，沉肩坠肘力到手。

"三顶"，即头顶天、舌顶颚、掌顶前。颈项竖直，下颏自然里收，头部正直，使百会穴有上顶之意，即所谓"领项提顶"。口微闭，舌头轻顶上颚，生津液，通脉济，以鼻呼吸，气沉丹田。掌顶前，有推山之力，气贯周身，力达臂膀，掌力雄厚。

（四）四坠四敏

"四坠"，即肩坠腰、腰坠胯、胯坠膝、膝坠脚。八卦掌讲究两肩要有沉劲，腰部要有塌劲，胯部要有坐劲，腰部要有剪劲，脚下要有踩劲。两肩下沉，使肩部沉劲下坠到腰，与塌劲相衔接；腰向下塌，臀向下坐，敛臀提肛，腹部充实，使腰的塌劲下坠到胯，与坐劲向衔接；胯向下卸并向里裹，使胯的坐劲下坠到膝，与剪劲相衔接；膝的剪劲下坠到脚，与脚的踩劲相衔接，即腰摧胯，胯催膝，膝催足，身躯与四肢的周身劲力上下衔接贯通一气，达到劲力完整。

"四敏"，即眼敏、手敏、身敏、步敏。眼为先锋，有检察之明，所以目光须极为敏锐。掌是兵刃，有拨转之功，因而出手换势须掌法敏捷，眼明手快，手眼相随。身似弓弦，动似游龙，有转运之神，其翻转须活泼敏捷。脚似战马，有快速之力，走转中要敏捷迅速。但是步法的敏捷是在摆扣得法、屈腿蹚泥、夹裆摩胫的前提下进行的，不能离规矩、无原则地强调步法的敏捷迅速。

（五）十要三病

"十要"者，一要有意，二要有气，三要拧，四要塌，五要提，六要裹，七要垂，八要掤，九要松，十要顺。

意——用意识去引导动作，用心里活动去指导形体动作，把意识贯注到动作的攻防、劲力、意向中去。意也引导呼吸，做到以意领气，以气合力，即意、气、力的结合。

气——腹乃气根，气运周身。初学八卦掌时可采用自然呼吸，在具有一定的基础后再掌握腹式呼吸，气沉丹田。

拧——八卦掌技法术语讲"拧旋走转"，要求腰要拧，臀要拧，手要拧，颈要拧，使头、手、腰、臀拧转对圆心。其目的是训练身似绳拧，腰如轴立，两臂横力与拧裹钻翻的螺旋力，锻炼人身带冲二脉，初学者可通过逐步习练正确掌握。

塌——腰和腕部要有向下塌坐的内含之劲。腰步塌则会撅臀、提腹。腕步塌，掌根缺乏顶力。

提——提肛敛臀，讲尾闾向前微微提起，它与"舌顶颚"相结合，可疏经通络，气沉丹田，达到炼神导气之功效。

裹——肘臂用力向里裹，将两臂绷紧，它是与两臂的拧劲分不开的。拧裹力是八卦掌的主要劲力之一。

垂——肩垂、肘垂、气垂。肩垂则臂长而灵活，肘垂则肱自圆，能护两肋。气垂力生腰腹，所产生的沉力也是八卦掌的主要劲力之一。

掤——掤掌整力，它是身躯与四肢在"四坠"的基础上产生的。

松——周身关节放松。关节不放松，动作僵硬不活，其势不整，力不通达，手、眼、身法、步不能协调配合，同时也不便静心领气。

顺——身顺首,脚顺膝,膝顺胯,胯顺腰,指顺手,手顺肘,肘顺肩,上下顺遂,动作协调。

"三病"者,指怒气、拙力、腆胸提腹。常见于初学者,由于不明八卦掌的特点或急于求成,而出现的三种毛病。怒气则憋气,致使气滞血瘀,胸满气胀,头晕恶心,眼花耳鸣,须注重吐故纳新,气沉小腹,呼吸以鼻,切忌用口,以细、深、匀、长为要。拙力,即僵化死板,动作滞涩,内心急躁,要掌握自然松畅,不可一味用力,以求顺达。腆胸提腹,身法不活,两足无根,轻如浮萍,且易逆气上行,须注重涵胸拔背,实小腹,提谷道,合顺不逆。

第六节　形意拳

一、概述

形意拳也叫"心意拳""心意六合拳""六合拳"。关于形意拳的得名,说法不一。有人认为此拳要求"心意诚于中,肢体形于外",外形与内意高度统一,故名"形意拳";其二,此拳取动物的特长,象形取意,取法为拳,所以称为"形意拳"。形意拳作为博大精深的中华武术内容之一,经过历代传人不断钻研、实践、总结、提高,逐渐形成较为完整的理论体系。其各派拳法虽各有千秋,拳理却渊源颇深。讲究以意领气,以气导力,意形二表,形意一体。通过对形与意的相互调节,内与外的相互作用来达到体用兼修的功效。形意拳以陶冶操守、强健体魄为宗旨,不仅有强身健体、修身养性之功效,而且具有实战的技击效果。

形意拳雄浑质朴,动作简练实用,动静分明,动作严紧,手脚合顺,身正步稳、快速整齐,劲力充实、稳固沉着,整齐划一。在技击原则上,形意拳主张后发先至,短打近用,快攻自取,抢占中门。拳谱说:"视人如蒿草,打人如走路""练拳时无人似有人,交手时有人似无人"。在交手时,则要求"遇敌犹如火烧身,硬打硬进无遮拦""拳打三节不见形,如见形影不为能""起如风、落如箭,打倒还嫌慢"。形意拳要求在最短时间内结束战斗,"不招不架,只是一下"。其运动特点是:"两肘不离肋,两手不离心""起如钢锉,落如钩杆""迈步如行犁,落地若生根""三尖相照""三节相随"等都形象地反映了形意拳的技术风格特点。形意拳动作简约、古朴、淳厚,富于攻击性,切于实战,顺应了武术发展的潮流,所以传播很快。此外,该拳系的历代传人较为保守,并致力于理论研究,是目前保存最完整的武术拳种。它与太极拳一样都以其潜在的文化优势而显示出旺盛的生命力。

  形意拳以三体式为基本姿势,以劈、崩、钻、炮、横五拳为基本拳法,并吸取了龙、虎、猴、马、鼍、鸡、鹞、燕、蛇、骀、鹰、熊12种动物的技能而组成的拳术为技术内容。

  由于近代山西、河北交流频繁,所以内容较为接近。基本拳法都是以三体式、五行拳、十二形拳为主(山西有些地区站桩不用三体式,而用"六合式""站丹田")。单练套路有五行连环、杂式捶、四把拳、八式拳、十二洪捶、出入洞、五行相生、龙虎斗、八字功、上中下八手。对练套路有五行相克、三手炮、五花炮、安身炮、九套环。器械练习有连环刀、三合刀、连环剑、连环枪、连环棍、三才刀、三才剑、行步六剑、六合刀、六合枪、凤翅镗等。

  河南的基本拳法为十大形(龙、虎、猴、马、猫、鸡、鹞、燕、蛇、鹰)。单练套路有四拳八式(头拳、挑领、鹰捉、粘手)、龙虎斗、上中下四把、十形合一以及心意拳对练等。各地域形意拳虽说内容和风格特点各有所长,殊途万变,但在技法特点上基本同归一致,主要表现如下。

(一)头顶,颈直

  "头为周身之主",形意拳要求头要保持中正,颈项有意识地竖直,动作尽管有起落旋转,头部要始终向上顶劲,不可左右歪斜或自由摇晃,也不要僵硬。它必须在自然竖直中含有轻微的顶劲。与头顶竖项相关的还须使嘴自然闭合,牙齿要扣好,舌尖抵上腭,以利津液分泌;神态自然,精神须集中,不可皱眉怒目、咬牙切齿;下颌里收,不可外突;用鼻呼吸,避免口腔呼吸。

(二)松肩,坠肘

  松肩也称"沉肩"或"垂肩"。形意拳要求练拳时,时刻注意肩关节松沉,肘关节松坠,两肩微合抱。松肩和舒胸(含胸)结合起来,还可助气下沉;使下肢更加稳固。打拳出拳时,臂不要完全伸直,肘略成弧形弯曲下坠。凡两臂收放,肘要紧靠两肋,使全身的力量灌注到上肢,周身完整一气。

(三)塌腕,撑掌,拳紧

  在上肢活动中,形意拳称手为梢节、肘为中节、肩为根节。形意拳除了少数动作用掌方法稍有不同(如鸡形、龙形、猴形等),在基本练法中,出掌的手形都要求腕部下塌,掌心向前下方,既有向前顶的力量,也含有向下按的力量。五指微分,食指向上挑劲,拇指尽力向外撑,虎口呈半圆形。掌心内含,手的各部都不可松软懈怠。凡出拳时,则拳要握紧,要求拇指全屈,端节压于食指、中指第二指节上,食指向前突出,拳面斜形如螺状,称为"螺丝拳"。向前打拳时,腕部不可上翘或折腕,拳面微向前倾,力达拳面。

(四)拔背,含胸

  "拔背"也称"紧背""圆背",由两个方面构成:①由于头向上顶,颈部竖直,腰部向下塌,就使脊背有上拉下拔的感觉;②借助于两肩松沉,肩窝后引,胸部内含,掌或拳向前伸。背阔肌尽量向左右伸展。这样使背部肌肉上下左右形成一种张力,背部肌肉得到锻炼。

"含胸"又称"舒胸""松胸",是指胸部舒松含蓄,不可挺胸外突。含胸与拔背是相互联系的。做到了拔背也就体现出了含胸。形意拳在运动时,含胸和拔背也不是一成不变的,而是随着动作的收缩有所变化,以助拳势。

(五)塌腰,正脊

形意拳对腰的要求是塌腰、正脊。形意拳的变招换势,左转右旋,非常重视周身的完整与协调。因此,形意拳在练习时要求腰部始终要塌住劲,起到主宰作用。形意拳歌诀中讲:"前俯后仰,其势不劲,左侧右倚,皆身之病。"又说:"身如弩弓,拳如箭。"这些恰当地表明了腰身的形态和作用。塌腰要松展自然,富有弹性,防止腰脊僵滞,这样腰就成为上下肢动作的枢纽。脊椎的要领和腰部技术要领的要求不可分割,因为只要注意塌腰和顶头,就能做到脊椎正直。在运动时,随着动作的转换,脊椎也应有所伸缩、转折,以助臂、腿、腰的蓄劲发力,但不能故意扭曲和摇摆。

(六)敛臀,提肛

形意拳要求臀部有意识地向里收敛,不可外突翻臀,有的称为"提肛裹胯"或"谷道内提"(肛门为谷道)。这样就约束了臀部外突,保证了腰脊和尾骨的中正,也促进了含胸拔背、气沉丹田。所以形意拳歌诀中说:"提领臀部,气贯四梢。"

(七)收胯,扣膝,足要平稳

形意拳的步法以直进直退为主,以桩步为根本。训练中强调"手要急、足要轻,把式走动如猫行。心要正、眼要精,手足齐到定要赢。"因此形意拳要求动步敏捷,落脚稳健,胯、膝、足各部紧密配合,毫不松懈。在进退中,以胯催膝,以膝催脚,胯为根节,膝为中节,足为梢节。站桩时,胯部要放松,同时微向里缩劲,它与敛臀相结合,就可保持上体的正直;膝关节应弯曲,微向内扣劲,不可散乱外敞,以利下肢沉实稳定;两腿弯曲要适度,太直僵滞,过屈无力。应做到挺而不僵,松而不软;两脚要保持平稳,五趾抓地。动作时,胯部松缩可以避免上体俯仰歪斜,保证周身在进退中完整一致;膝关节松活自然,能帮助前脚起落伸展和后脚充分蹬地发劲,从而促使步法灵活,步幅加大,落势稳健,劲力更富有弹性。

(八)姿势正确,动作整齐

形意拳要求每动每势处处皆守规矩。周身三节安排合体,"三节六合"配合协调,立身"中正安舒,支撑八面",手尖、脚尖、鼻尖"三尖相照"。讲究"心气一发,四肢皆动",整个动作都是在同一时间启动和完成。

(九)进退和顺,起落均衡

形意拳要求在拳法变换、进退门转中注意和顺。只有在进退门转中身体各部位的运动路线、方向、时间、定势后的角度,位置都安排和顺,才不会发生姿势失中、动作僵硬、呼吸紧张、定势不稳等现象。形意拳迅速有力,动静分明,"起势,如蹦墙倒,落地如树栽根"。因而十分重视起落的均衡稳定。

（十）力量充实，呼吸自然

形意拳要求拳紧、步稳、脚实、发势迅猛，劲力饱满。凡下肢进步，都要前脚贴近地面，竭力向前，后脚则全力向后蹬地，做到"脚踩中门勿落空，消息全凭后足蹬"。上肢动作要两手争衡对拔，彼此呼应。两前臂要内外旋转，就像拧绳一般，起钻落翻，拧裹进退融成一股整劲，以此充实周身力量。挺胸、提腹、努气、拙力，是形意拳最忌的四大毛病。它要求松胸实腹、呼吸自然并与动作自然配合。一般情况下，总是蓄劲时吸气，发劲时呼气，以气助力，使气与力合一。

（十一）气势相连，内外合一

气势相连，是一招一式均须贯串一气，须做到势断劲连，劲变意连，既有明快节奏，又有断而又连、绵绵不断的气势。内外合一，是肩与胯合，肘与膝合，手与脚合，心与意合，意与气合，气与力合。"心气一发，四肢皆动""以首领身""以腰催胯，以胯催膝，以膝催足，以足催肘，以肘催手，以手催指"，形与意，内与外，周身上下无处不合。这样，形意拳方能"内外六合"、"形意合一"、浑然一体。

第七节　刀　术

一、概述

刀是由古代的生产工具演化为古兵器，再由古兵器演化为当今的武术器械。刀主要用于砍杀。据考证，刀最早出现于旧石器时代晚期，当时，是以石刀的形式出现的，后又相继出现骨刀、陶刀。

原始社会，人们利用现成的锐利石片、蚌片、兽骨通过打磨等方法制成，并利用这些刀通过割、削、刮、砍、划、击等方法与禽兽搏斗，与其他部落争夺生存空间。因之，刀在当时既是生产工具，又是防御野兽袭击和杀敌护身的重要战斗武器。

总的来说，刀术在其漫长的发展历程中是沿着两人"相击"和单人"舞练"两种形式发展的。两人相击形式的刀术格斗技法，在冷兵器时代主要用于军事训练和战时格杀。随着火炮的兴起，冷兵器在军事中的地位逐渐衰退，刀术的格斗形式逐步发展为近代武术的"短兵"运动。单人舞练形式的刀术很早就出现于民间武术中，并不断发展、成熟。

至近代，刀术的发展多用于日常健身。在我国抗战时期，刀的运用曾发挥了巨大作用，1925年，马凤图、马英图将双手刀法改编成为"破锋八刀"，作为西北军环首大刀的教材，以取代原来表演性较多的老刀套。先在张自忠将军的教导团中试行，后来积极推广到全军。在长城抗战和卢沟桥抗战中，二十九军的大刀队显示了精湛的刀术。

目前，作为现代武术运动的重要组成部分，一般将刀术套路分为一手持刀演练的单刀类；左右手各持一刀演练的双刀类；一手持刀，一手持盾牌，或持拐子，或持九节鞭进行演练的"盾牌刀""单刀拐""单刀加鞭"等套路。此外，还有"空手夺刀""单刀花枪""花枪大刀""扑刀进枪""双刀进双枪""对劈刀""单刀盾牌进枪"等对练套路。1989年，原国家体委武术研究院组织编制了"刀术竞赛套路"作为国内外比赛的规范化套路。

‖ 二、主要技法特点

刀术内容丰富多彩、千姿百态，仅在各地流传的套路就数以百计。每年全国性武术运动会参赛的套路也有数十种之多，其中常见的有梅花刀、岳胜刀、追风刀、龙形刀、滚趟刀、雪花刀、劈挂刀、六合刀、八方刀、太极刀、八卦刀、五侯刀、燕青刀、春秋刀、滚手刀、连环刀、混元刀、天罡刀、定宋刀、遇基刀、太保刀、武松刀、少林刀、雪盘刀等。此外，刀术套路因所属拳种不同，练法和风格也不尽一致。例如，八卦刀以走转为主，要求人随刀转，势势贯串；太极刀则要求柔和平稳、刚柔相济等。在众多的武术流派中，刀术套路的风格特点各有所长，虽殊途万变，但在技法特点上基本同归一致，主要表现如下。

（一）尖刃背把，刀法分明

刀术的每一种方法都有着严格的要求，不可混淆。一定要做到路线清晰、力点准确、刀法分明。具体来说，刀术的攻防主要体现在刀尖、刀刃、刀背以及支配刀动的把法上。刀尖锐利主于扎；刀刃薄利主于劈、砍、斩、撩；刀背后钝，主于缠头裹脑贴身近卫。把法循"换把变招，固把击发"的原理运用。例如，扎刀刀刃朝下、朝上或朝左，刀尖向前直刺为扎，力达刀尖；劈刀，刀由上向下为劈，力达刀刃前部；刀向左（右）下方斜劈为砍，着力点在刀刃后部。刀的运动线与着力点不同，决定其技法的不同。

（二）刀若猛虎，动势尚猛

从刀的形制来看，一般的刀的刀背厚钝，刀刃薄利。所以，以劈、砍为主的刀法，快、疾、猛、狠的动势成为刀术的一大技法特点。自古便有"短兵利在速进"的拳谚。程宗猷在《单刀法选》中云："刀不离身左右前后，手足肩与刀俱转，舒之可刃人于数步之外，敛之可转舞于座间。"因刀快步疾、缠裹绕身、倏忽纵横，《手臂录》中说"短兵进退须足利，足如脱兔身如风"，使刀术势如猛虎下山，威不可挡，展现出一往无前、勇猛剽悍的运动风格。这是刀术持短入长的技法规律，指以敏捷的远跃高跳和迅疾的步法配合凶猛的刀法。技击中欲求发挥"短兵长用"的作用，关键是步疾、身灵、眼锐、手快，才能发挥刀的近战功用。因此，常以猛虎之性比喻刀术的技法特点，以虎之凶猛比喻刀术的运动特点。

在武术兵器中，单刀属短兵，欲发挥短兵长用的作用，不仅要求身法灵活快捷，而且步法的前后、左右移动迅疾也是关键。"短兵进退须足利,足如脱兔身如风"(《手臂录》)。所以敏捷快速的移动步法是达到"舒之可刃人于数步之外"的基本要求。

(三)刀法快捷,诡秘莫测

经过长期的演变和发展,现代武术中的刀法有虚有实、有刚有柔、有奇有正,变幻莫测。人们在实践中总结出的经验有"刀走黑"之说,是在阐明刀法的诡秘性。程宗猷在《单刀法选》中说:"其用法,左右跳跃,奇诈诡秘,人莫能测,故长技每每常败于刀。"说明刀术不仅尚猛,而且表现出刀法快捷、奇诈诡秘、变幻莫测的技法特点。

(四)配手合法,以腰助力

拳谚说:"单刀看手,双刀看走。"所谓"单刀看手"就是要配手。配手指的是在一套刀术中,单刀要看刀的运动与不握刀手的协调配合,配合应遵循"顺领合击,反向对称"的原理。例如,抹刀、带刀适合顺领,劈刀、砍刀适用合击,扎刀、截刀适于反向对称。同一种刀法也可有多种配合,但要有助于肢体在运动中保持稳固和谐,便于动作之间衔接使其对称美观,又符合技击法则。练刀时还要注意整个身体与刀的运动的协调。

腰是上下肢完整一体的中介,无论是大劈大砍的进攻动作,还是贴身缠绕的防守动作,均要求凭借腰部的拧转和身体的屈伸带动器械来完成。以劈砍斩削扫等为主要内容的刀法,在其用法上多以腰助力,加大攻击力度,身法活便,以腰助力而发挥其猛狠的动势。同时,以身法的闪展腾挪、俯仰扭转加大动势的幅度。所以有"其用法,唯以身法为要"的拳谚。

>>【武林人物】

王正谊(1844—1900年),字子斌,祖籍河北沧州,京师武林名侠。因他拜李凤岗为师,排行第五,人称"小五子";又因他刀法纯熟、德义高尚,故人们尊称他为"大刀王五"。王正谊一生行侠仗义,曾支持维新,靖赴国难,成为人人称颂的一代豪侠。

王五不仅在本行中受人尊敬,他的爱国义举更是被人们广泛传颂。甲午中日战争失败后,御史安维峻上疏,力陈议和之弊,要求严惩误国者,却遭到清廷的贬斥,被革职戍边。王五出于义愤毅然担负起了护送安维峻的责任。回京后,王五便在香厂筹开学堂街,名为"父武义学"。更为人们所称道和广为流传的是王五与谭嗣同的交往。王五侠义心肠,与谭嗣同兄弟相称,传授谭武艺刀剑之法,二人由此建立了深厚的友谊。

1900年,义和团反帝爱国运动在北方兴起。王五率众积极参加,与义和团众并肩作战,杀洋人,攻打教堂。10月25日,清兵将顺源镖局团团围住,王五等人终因寡不敌众被捕,尔后被八国联军枪杀于前门,死时56岁。

一、概述

枪,是我国武术长器械,古兵器之一。是由棍与矛演化而来。历史上也把枪称为槊等。枪与矛的区别在于矛头较重,形制较宽厚,而枪头较小,比矛锋利,是较为轻利的刺兵器。原始的长枪仅仅将木棒头削尖就成了。《通俗文》载:"剡木伤盗曰枪。"后来发展到在竹木杆上绑着形似矛头的石块、骨角锥刺猎物。到了商代出现了青铜矛,形体宽大,刃部具有双锋,不少矛銎部的两侧有环或孔,用以系缨。冶铁业发展以后,铁制矛头锐长,近似于枪。枪在隋、唐、五代已成为战阵的主要兵器,人们逐渐把矛改称为枪,并将矛头的尺寸减小,使其更加轻便。枪的特点:制造简单,直线攻击,攻击距离远,回抽快、杀伤力大。宋代枪的形制种类不仅多于唐代,而且用法也随着不同的形制变化而呈多样化,但在军队中,枪仍然是近战的主要武器。清代枪的种类繁多,有军中普遍使用的枪、战船上使用的钉枪,还有铁枪、线枪、虎牙枪、三眼枪、火焰枪、雁翎枪、大枪、双头枪、双头钩镰枪等,这些枪主要是清朝八旗军和绿营军的常规武器。清代学、练、研究枪法者很多,《手臂录》《万宝书》《阴符枪谱》和《苌氏武技书》等都记载了枪术理论。

火药武器在战争中普遍使用以后,枪在军事上逐渐被淘汰,但作为武术器械却得到了发展,如今的套路演练形式有单头枪、双头枪、双头双枪、单头双枪等。枪被列为武术竞赛项目以后,竞赛规则规定枪的长度不得短于本人直立直臂上举后的高度,枪杆的粗细因演练者的年龄、性别不同而异。

枪法主要是以拦、拿、扎为主,同时还配合有点、劈、崩、穿、挑、绞、拨、圈、盖、缠、舞枪花等。其运动特点是力贯枪尖、走势开展、上下翻飞、变化莫测。

二、主要技法特点

枪虽在众多武术流派中演练风格各异,但其一般技法特点如下。

(一)枪扎一条线,三尖对照

枪法注重直扎,以扎发挥枪尖的技击功效,直扎远取发挥枪的优势和特长。扎不仅是枪术的主要方法,而且也是枪术最主要的进攻技法特点,俗话讲"一寸长,一寸强"。扎枪时要求沿枪身纵轴用力,使枪身直线扎出,力达枪尖,爆发寸劲,同时要求出枪快、准、狠,即出枪快,路线短,有力量,去如箭,来如线。方法上要使枪尖、鼻尖、脚尖在同一纵面内,即三尖对照,要求形成一个立身中正、脚下稳固、人枪合一、灵活应变的整体姿势。并通过蹬后脚、拧腰、顺肩、挺腕在一条直线上向前直刺用力。用力时要柔、快且有加速,力点准确清晰。枪扎出后要迅速收枪。扎枪时,大多采用连扎几枪的衔接方法,故说"枪扎一条线,三尖对照"。

(二)枪贵四平、中平枪、枪中王

"四平"指顶平、肩平、枪平、脚平,即持枪的基本姿势应做到头正、颈直、下颌微收、两眼平视而炯炯有神。两肩松沉,上体正直,才能势稳法活。两手与枪尖三点在一水平线上,枪才可以攻守活便,出枪快而有力。两膝坐屈两脚踏平,重心自然下沉,身姿才能更加稳固。"四平"又称"中平枪",《纪效新书·长兵短用说篇》卷十记载:中平枪法,"为六合枪之主,作二十四势之元,妙变无穷。"《手臂录》中也认为:"以中平枪为枪中王,为诸艺皆从此出也。"可见,"中平枪"在格斗中不仅被视为不宜变换的基本实战姿势,而且其技法也被作为枪术的基本技法。

(三)持枪稳活,前管后锁

指在枪术运用过程中,两手控制枪身的基本手法。即握于枪身中段的前手,要像"管"一样套住枪身使其不脱落,又能保证枪杆在其中自由出入,而且还能灵活自如地控制枪的运动路线及运动方向,即所谓"前手如管";"后手如锁",即后手握于枪把根部要像"锁"一样牢固地握住枪把,推动枪身运动,不仅能灵活地运转枪把、变化枪梢的位置,而且又能使腰部力量传达于枪尖。

(四)艺工于一圈

《手臂录》记载:"枪,总用之则为一圈,剖此圈而分之,或左或右,或上或下,或斜或正;或单或复,或取多分,或取少分,以为行着诸巧法,而后枪道大备。是以练枪者,惟下久苦之工手一圈,熟而更熟,精而益精。"实战时,两枪较技彼来我往,枪的防守在于与来枪相交,如拦、拿、缠等;枪的进攻要避开对方之枪,如拦扎、拿扎、缠扎枪等,不外乎平枪走弧线,或整圈或半圈,或大半圈或小半圈等,关键在于圈的熟练程度。

拦拿圈转是枪术中的基本防守技法,圈转与直扎交融运用,圈中化直、直中化圈,防中含攻、攻中寓防是枪法中的一大技法特点。

第九节 剑 术

一、概述

剑，是中国古代的一种短兵器，剑身直，双刃，能劈、刺、斩、截、绞，剑体轻便，可随身携带，柄与剑身之间有云行或元宝形护手；柄端有云行或葫芦形剑首。平时，剑装入剑鞘，是一种防范非常的卫体武器。

剑在中国，神乎其技，技"神"及剑，于是剑亦神通，称为"神器"。剑是什么时候出现的?《广黄帝本行纪》说："帝采首山之铜，铸剑。以天文古字题铭其上。"《管子》说："昔葛卢之山，发而出金，蚩尤受而制之，以为剑铠。"传说黄帝与蚩尤曾战于逐鹿。华夏文明自黄帝始，距今五千余年。当时，中国还处于石器时代，夏始出现青铜器。所以说黄帝采首山之铜铸剑的说法，不可信。现藏于上海体育学院国家武术博物馆的商代晚期人头纹铜剑，全长25.3厘米，可能是现存年代最早的剑了。

现在出土最多的青铜剑是春秋、战国时代的剑，可见，虽然春秋晚期已有钢剑，然而青铜仍使用广泛。最著名的有勾践剑，是春秋、战国时期青铜剑之典型。

剑演化到近现代，为钢制。现代剑器，早已从古代的冷兵器战斗领域退出，不再用于实战，仅作健身表演之用。因此，剑身造得很薄，无刃，无槽，很软，很轻，成为道具。

现代武术运动中的剑的长度，按《武术竞赛规则》规定，以运动员反手直臂持剑，剑尖达于耳垂为准。一柄实用剑（做兵器用）质量二到三斤，过重过轻都不实用，中国剑术不以重胜。

中国传统武术中，剑术可谓"一枝独秀"，其历史最早、最久远、最高深、最高雅、最富传奇性。中国剑术是中国传统文化的一部分。自古以来，剑术被渲染得出神入化。历史上，史书对剑术的着墨，远比其他武技多，剑成了一种文化现象。作为文化现象，剑远远超出了技击的领域，涵盖了诗、书、画、乐等文化领域。

二、主要技法特点

剑术的技法特点是由剑的形制特征所决定的。在漫长的历史进程中，其形随时间而变化，同时剑术技术也不断提高和发展，为了传承延续而模拟诸剑法构建了五彩缤纷、内容丰富的剑术套路。尽管各门各派的剑术都有沿袭相传的技法内容，但一般技法特点可归纳为轻快敏捷、身活腕灵、刚柔兼备、气韵洒脱，故又有"剑走美式""剑走青（轻灵）"之说。

（一）轻快敏捷

剑器轻清两面刃，锋芒于尖。所以，它具有倏忽纵横，以短乘长的技击特点。剑术只有在轻快的行步、潇洒的腾跃中表现敏捷出击，纵横劈刺，锐利攻势、闪展避让，才能体现出"剑器轻清"的特点。

（二）身活腕灵

各种剑法的轻快、准确及剑法的衔接变化，都与身姿手腕的劲力运使技巧相关。步法轻快，腰似蛇行，身姿俯仰吞吐，手腕的扣、旋、点、绷、展、转，手握等灵活运用，能使身法、劲力协调，达到身剑合一。

（三）刚柔兼备

剑术劲力法则有柔有刚，具体表现在剑术运动及剑法的运使过程中。柔中有刚、刚中有柔，刚柔互渗运用。

（四）气韵洒脱

气韵，指剑术运动中的节奏和气度。而剑的节奏指剑法的刚柔、张弛、轻重、辗转、起落，以及移步换形、行剑时重腰身和剑法变化，动作一气呵成，气势连贯，剑身合一。练剑时要做到"单手独运捷于电"，"手眼清快身脚轻"（吴殳《手臂录》），使剑与手、眼、身、步通体轻快敏捷，同时做到内外贯通，身械和谐，气度宏大，洒脱自如。

棍　术

一、概述

（一）棍术发展简史

棍是古代兵器，也是传统武术长器械之一，在古代又称为"殳""棒""棓""杵""轮"等。棍被列为五兵之一，是人类最早使用的防卫器具。作为无刃兵器，棍素有"百兵之首"之称。棍术是一种器械类传统武术，在我国北方称为"棒"或"白棒"，而古代多称棍为"梃"。两者实际上说的是同一物体，只是叫法不同而已。

在我国，棍的起源较早，有着悠久的历史。由于棍取材方便，制作简单，原始人类在狩猎过程中已使用天然棍棒，不仅是原始社会主要生产工具之一，同时也是最早用于战争的武器之一。《诗·卫风·伯兮》载："伯也执殳为王前驱。"《商君书》对此也有记载：人们"伐木杀兽"。《周礼·夏官·司兵》载："五兵者：戈、殳、戟、酋矛、夷矛。""五兵"之一的"殳"，为西周时期兵器之一。战国时，孟子曾对魏惠王说："王如施政于民……町使制梃，以挞秦楚之坚甲利兵矣。"俞大猷所著《剑经》，是集棍法之大成著作。《新唐志·仪卫志》记载，唐代每逢元旦、冬至的大朝会时，仪仗队列中有约千人的殳仗队。宋代《武经总要》载："取坚木为之，长四五尺，异名有四，曰棒、曰杆、曰轮、曰杆。"且列有诃藜棒、钩棒、杵棒等。有的用铁包裹头尾，有的装钩，有的头部周围植钉，如狼牙棒。由此可以看出，这一时期棍主要用于军事，且记载较少，用途有限。

明代以后，有关棍术的记载逐渐丰富起来。戚继光在《纪效新书》卷十二《短兵长用说篇》中对此有一定的记载："用棍如读四书，钩、刀、枪、钯如各习一经，四书既明，六经之理亦明矣。若能棍，则各利器之法从此得矣。"明朝时期，各家棍法都是自成体系的，并且都具有较为独特的风格。尽管当时传承密授，但是由于久传而讹，逐渐发展成为忠实套路发展的一种趋势。

作为武术器械的一种，棍术从清代、民国乃至现代都占据着重要的地位，并得到了更进一步的发展。此外，不同的棍法与棍术套路也在全国范围内得到普及。中华人民共和国成立后，棍术被列为全国武术竞赛项目长器械之一，根据《武术竞赛规则》规定，在长度方面，棍的长度最短必须等于本人身高，并对成年组男女、少年组男女及儿童用棍的粗细作出了更为具体的要求。

清代、民国至现代，棍术在武术器械中仍然占有重要地位，并得到了进一步发展，且不同的棍法与棍术套路也在全国范围内得到了普及。中华人民共和国成立以后，棍术被列为全国武术竞赛项目长器械之一，根据《武术竞赛规则》规定，棍的长度最短必须等于本人身高，并对成年组男女、少年组男女及儿童用棍的粗细各有具体的要求。

（二）棍术流派

棍术在起源与发展的过程中，也逐渐形成了诸多流派。在我国古代，棍术流派就已经很多了，明代时期，就已有了十几种著名的棍法，如少林棍、紫微棍、张家棍、青田棍、赵太祖腾蛇棍、贺屠钩杆、牛家棒、孙家棒、巴子棍、俞大猷棍法等。嘉靖四十年（1561年）抗倭名将俞大猷奉命南下，取道河南，遂访少林寺。观少林棍法后，俞认为"已失古人真传"，众僧"愿受指教"，并把宗擎、普从二人入俞军中学习，三年后二人返寺，又教百人之多，少林棍法由此驰名海内外。明万历年间，安徽休宁县著名武术家程冲斗曾投师少林寺学艺，并将所学少林棍法依势绘图并附文字说明公布于世，这就是《少林棍法阐宗》一书，这本书为古代棍法的演变和发展的研究提供了珍贵的资料，具有非常重要的参考价值。

（三）棍术种类

目前，棍的种类有很多，每一种棍都有其独特的技法特点和适用范围。较为常见的棍主要有齐眉棍、手梢子棍、大梢子棍、大棍和三节棍。其中，齐眉棍立棍于地，棍高以眉为度（现在武术竞赛规定用棍与头齐），舞动时可大蹦大跳、劈、扫、舞，灵活多变，棍声呼啸，气势极为勇猛，很适用于"武舞"棍法练用；手梢子棍是一种较为短小的梢子棍，多为双手各执持一棍演练；大梢子棍是一根长棍和一根短棍中间用铁环连接起来，《武经总要》中提到的宋代"铁链夹棒"与其形近；大棍长八尺有余，这就要求棍术的练习者有很大的腰腿之劲和臂力，实战时往往以其长、大、重先制于人；三节棍是三节短木棍，由铁环相连接，携带方便，舞动时可长可短，可伸可缩，出入难防，棍法灵活多变，有一定实用价值。

棍除了有诸多种类外，还有很多种练习套路。近百年来，各武术流派创造了不同类型的棍术套路，其数量之多难以确切估计。虽然这些流派、种类在各方面都存在一定的差异性，但在基本棍法的练习方面，都离不开劈、崩、缠、绕、点、拨、拦、封、撩、扫等。练习棍法的形式也有很多，如单人练、集体练等。各家棍术虽有不同，但在要求上仍有共同性。例如，"练棍要手臂圆熟，身棍合一，力透棍尖，风声呼呼"。舞棍要勇猛、快速、有力。双手执棍，开合、旋转要圆熟自如，拳谚说："枪扎一条线，棍打一大片。"

根据棍术的内容特点，又可将棍术分为侧重艺术性棍术和侧重技击性棍术两大类，具体内容如下。

1. 以艺术性为主的棍术

以艺术性为主的棍术就是以展现美为主要特点的棍术种类。大都发展难度动作，讲究姿势优美，是一种不求实用的"武舞"棍法，此乃古人所指"满片花草"。小说《水浒传》中的九纹龙史进，舞棍"使得风车儿似转"，就属于这类"武舞"棍法，两类棍法都有很高的体育价值。舞棍时要求手、眼、身、法、步协调合一，有利于提高身体的力量、速度、耐力，增强勇敢顽强的精神。

2. 以技击性为主的棍术

以技击性为主的棍术就是以技击性为主要特点的棍术。大多是采用两人对劈的基本功夫，也有带护具进行互相劈、打、拦、刺等训练，虽然棍法不多，但实战性较强。

二、主要技法特点

在众多的武术流派中，棍术的演练技巧和方法虽然各不相同，但是由于棍形制的特点使其在技法特点上大同小异，因而可以将他们在技法方面的共同点归纳如下。

（一）把法多变，长短兼施

把法是施展棍的多种技法的关键。握持把的一端，可以利用棍梢抢、劈、扫进行远击；握持棍的中段，可以把、梢兼用，一攻一防，上挑下撩，左拨右打。在运使时，一般都是棍梢、棍身、棍把交互使用，变化莫测。所以，有"枪怕摇头，棍怕换把"的精辟棍论。另外，抢、劈、扫、撩的长击远打的棍法和戳、扎、格、压的近身攻守棍法，都充分体现了长短兼施的棍术技法特点。

（二）棍如旋风，纵横打一片

棍的形制特点是：梢锐不及枪，把粗不如棒，因此，多以棍把戳、扎，以棍梢抢、劈、扫，运使时快速勇猛，抢动赛旋风，上揭下打，纵横抢劈，能远能近，长短兼施，虽四面受敌而八方可兼顾，形成了棍打一大片的技法特点和运动风格。棍论"打必及地，揭必过胸"，精辟地总结了"棍打一大片"的技法要领。

（三）兼枪带棒，梢把并用

棍的形制一般是把粗、梢细。棍梢可按照长枪技法中的拦、拿、扎、点、崩、圈、穿、戳等枪法运使；棍把可按照棒的技法，完成大劈、大抡、大扫等各种棒法动作。但以枪棒兼用的棍术，在运动结构上往往不如梢把兼用的棍术密集紧凑。所以，两者相融，是棍术技法特点的具体表现之一。

（四）换把变招，固把击发

换把应有招、固把便击发是棍术技法所遵循的基本原理。由于棍形制特点，棍身处处可作为握持把位，因而形成了棍械浑身藏法的特点。

　　本章通过对我国武术的代表性拳种作简单的介绍，对演练风格和技法特点进行了区分与阐述。

　　长拳是现代竞技武术运动中的主要拳种之一。中华人民共和国成立之后，国家体委在汲取广泛流传的查、华、炮、红、少林等传统拳种的基础上发展起来的新拳种。其技法要求为：拳如流星眼似电，腰如蛇形步赛粘，精力充沛气宜沉，力要顺达功要纯。

　　太极拳是武术主要拳种之一，以中国古代的太极、阴阳学说为理论基础，顺乎人体的自然规律，强调养练结合。太极拳主要有陈式、杨式、吴式、孙式、武式、赵堡架等。

　　南拳是中国武术主要流派之一，泛指流传于我国长江流域及南方各地的诸多拳种，主要盛行于我国南方地区。其主要特点为：稳马硬桥、长桥大马、短桥小马、手法较多、快慢相间、常以发声吐气助长威势。

　　少林拳是中华武术中的一大派系，其内容丰富多彩。目前社会上广为流传的典型拳路就有大洪拳、小洪拳、炮拳、罗汉拳、朝阳拳、梅花拳、通背拳、长拳、关东拳、长护心意门、七星拳、象形拳、心意拳、柔拳、少林太极拳，以及各种器械、对练等。另外，还有与养生功、医学、气功等有关的内容，都是十分宝贵的民族传统文化。

　　八卦掌是我国流传很广的拳种之一，"八卦"最早见于《易经》中："两仪生四象，四象生八卦。"八卦掌是以八卦学说为理论依据、以掌法变换和行步走转为主的拳术，由于它运动时纵横交错，分为四正四隅八个方位，与"周易"八卦图中的卦象相似，故名八卦掌。

　　形意拳雄浑质朴，动作简练实用，动静分明，动作严谨，手脚和顺，身正步稳，快速整齐，劲力充实，稳固沉着，整齐划一。在技击原则上，形意拳主张后发先至，短打近用，快攻自取，抢占中门。

　　此外，本章还对刀、枪、剑、棍四种器械进行了简单介绍，并针对它们的技法特点作了一定论述。

　　1."长拳"一词最早记载于____朝____所著_____一书中的"古今拳家，宋太祖有三十二势长拳"。

　　2.长拳的传统技法包含"八法"，即____、____、____、____、____、____。

　　3.简单介绍太极拳的主要流派。

　　4.稳马硬桥、手法多变、常以发声吐气助长威势的拳种是_____。

　　5.形意拳的基本桩法是_____，与金木水火土相对应的五种基本拳法是____、____、____、____、____。

　　6.枪法中持枪稳活、前管后锁指的是？

【推荐阅读】

张三丰《太极拳论》

一举动，周身俱要轻灵，尤须贯串。气宜鼓荡，神宜内敛，无使有缺陷处，无使有凹凸处，无使有断续处。其根在脚，发于腿，主宰于腰，行于手指，由脚而腿而腰，总须完整一气，向前退后，乃能得机得势。有不得机得势处，身便散乱，其病必于腰腿求之，上下前后左右皆然。凡此皆是意，不在外面，有上即有下，有前则有后，有左则有右。如意要向上，即寓下意，若将物掀起而加以挫之力。斯其根自断，乃坏之速而无疑。虚实宜分清楚，一处有一处虚实，处处总此一虚实，周身节节贯串，无令丝毫间断耳。

长拳者，如长江大海，滔滔不绝也。掤、捋、挤、按、采、挒、肘、靠，此八卦也。进步、退步、左顾、右盼、中定，此五行也。掤、捋、挤、按，即（先天八卦）乾、坤、坎、离、四正方也；采、挒、肘、靠，即巽、震、兑、艮、四斜角也。进、退、盼、顾、定，即金、木、水、火、土也，合之则为十三势也。

原注云：此系武当山张三丰祖师遗论。欲天下豪杰延年益寿，不徒作技艺之末也。

王宗岳《太极拳论》

太极者，无极而生，动静之机，阴阳之母也。动之则分，静之则合。无过不及，随曲就伸。人刚我柔谓之走，我顺人背谓之粘。动急则急应，动缓则缓随。虽变化万端，而理唯一贯。由招熟而渐悟懂劲，由懂劲而阶及神明。然非用力之久，不能豁然贯通焉。虚领顶劲，气沉丹田。不偏不倚，忽隐忽现。左重则左虚，右重则右杳。仰之则弥高，俯之则弥深，进之则愈长，退之则愈促。一羽不能加，蝇虫不能落，人不知我，我独知人。英雄所向无敌，盖皆由此而及也。

斯技旁门甚多，虽势有区别，概不外乎壮欺弱，慢让快耳。有力打无力，手慢让手快，皆是先天自然之能，非关学力而有为也。察四两拨千斤之句，显非力胜；观耄耋能御众之形，快何能为。立如平/秤准，活似车轮。偏沉则随，双重则滞。每见数年纯功，不能运化者，率皆自为人制，双重之病未悟耳。欲避此病，须知阴阳。粘即是走，走即是粘。阴不离阳，阳不离阴。阴阳相济，方为懂劲。懂劲后，愈练愈精，默识揣摩，渐至从心所欲。本是舍己从人，多误舍近求远。所谓差之毫厘，谬以千里，学者不可不详辨焉。

第六章
武术散打与技法分析

【学习目标】

在学生了解与理解武术散打技法含义的基础上，掌握散打的基本姿势动作要领，以及各项技术，并能够熟练地运用在实际的学练过程中，提升自己的散打水平。

【学习任务】

（1）了解散打格斗的基本动作及要领。

（2）熟练掌握运用散打技法中控制与解脱的技术。

（3）熟练掌握散打的步法、拳法、腿法、摔法等基本动作技术。

【学习地图】

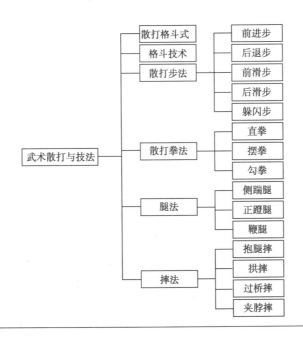

第一节 散打格斗式

散打的实战姿势一般分为左手在前的"正架"和右手在前的"反架"两种。运动员可以根据自己的习惯和爱好，选择一种合适的实战姿势作为最初学习散打的定势。本书均以正架（左式）为例。

在立正的基础上，右脚向右后方撤一步，两脚尖朝右前方45°站立，脚后跟微微抬起，两膝略微曲，两手握拳，右手置于耳根下方，右臂贴近肋骨，拳与鼻尖平行，肘部下垂，大臂与小臂夹角90°~110°，下颌微收，收腹含胸，两眼目视前方，合齿闭唇，重心置于两脚之间（图6-1—图6-3）。

易犯错误：两臂抬肘，眼睛下视。

图 6-1 　　　　　　　　　图 6-2 　　　　　　　　　图 6-3

第二节 格斗技术

控制与解脱

（一）单手抓臂 A 状

单手抓臂 A 状解法：稳定重心，屈肘回拉，小臂外旋，转体带动，整体发力（图6-4—图6-7）。

图 6-4 　　　　　　　　　　　　　　　图 6-5

图 6-6   图 6-7

（二）单手抓臂 B 状

单手抓臂 B 状解法：稳定重心，屈肘下压，划弧外翻，转体带动，整体发力（图 6-8—图 6-12）。

图 6-8   图 6-9   图 6-10

图 6-11   图 6-12

（三）双手抓臂 A 状

双手抓臂 A 状解法：稳定重心，抓握拳面，屈肘回拉，正直上挑，整体发力（图 6-13—图 6-15）。

图 6-13   图 6-14   图 6-15

（四）双手抓臂 B 状

双手抓臂 B 状解法：稳定重心，抓握拳面，屈肘回拉，翻肘下压，整体发力（图 6-16—图 6-18）。

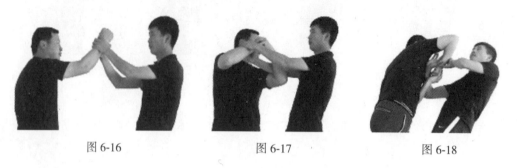

图 6-16   图 6-17   图 6-18

（五）袭胸

袭胸状解法：左手上格，右手下压，固定手腕，转体撤步，下压后拉（图 6-19—图 6-24）。

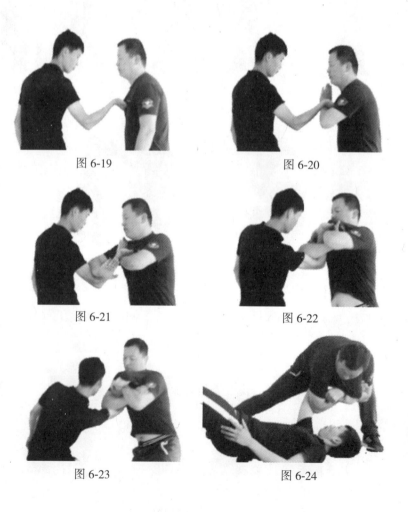

图 6-19   图 6-20

图 6-21   图 6-22

图 6-23   图 6-24

（六）抓肩

抓肩状解法：保持重心，固定手腕，转体下压，撤步后拉（图6-25—图6-29）。

图 6-25

图 6-26

图 6-27

图 6-28

图 6-29

第三节 散打步法

一、前进步

在格斗式准备的基础上，前脚向前迈半步，后脚跟步，脚掌微离地面，跟步距离与前脚迈出距离相等，上体保持格斗姿势不变（图6-30 — 图6-32）。

图 6-30

图 6-31

图 6-32

二、后退步

在格斗式准备的基础上，前脚用力向后蹬地，后脚顺势向后撤步，前脚后撤，两脚撤步距离相等，上体保持格斗姿势不变（图6-33—图6-35）。

图 6-33　　　　　　　　　图 6-34　　　　　　　　　图 6-35

三、前滑步

在格斗式准备的基础上，后脚蹬地，重心前移，前脚稍稍离地，以前脚掌向前快速滑出，后脚随之跟进相同的距离，上体保持格斗姿势不变（图6-36 — 图6-38）。

图 6-36　　　　　　　　　图 6-37　　　　　　　　　图 6-38

四、后滑步

在格斗式准备的基础上，前脚蹬地，重心后移，后脚稍稍离地，以后脚掌向后快速滑出，前脚随之后滑相同的距离，上体保持格斗姿势不变（图6-39 — 图6-41）。

图 6-39　　　　　　　　　图 6-40　　　　　　　　　图 6-41

五、躲闪步

在格斗式准备的基础上，双脚同时蹬地，根据进攻与躲闪需要，快速灵活向周围躲闪，上体保持格斗姿势不变（图6-42—图6-46）。

图 6-42   图 6-43   图 6-44

图 6-45   图 6-46

>> 【知识拓展】

散打步法的训练

散打步法是攻防的基本要素，不同的步法在实战中有着不同的表现形式和功能，对实战的结果会产生很大的影响。由于实战中注意力主要集中在拳、腿的攻防上，所以在练习中对步法的理解、掌握和运用就非常重要和关键，步法的练习一定要熟、要精，这样才能给对手一种威胁，给自己一种保障。

1. 单步法重复练习

单步法重复练习是掌握步法最基本、最重要的方法之一。练习者可充分调动主观能动性，反复多次地对某一步法进行练习，仔细体会技术动作的要领、运动路线等。

2. 多步法组合练习

组合练习是指各种不同的步法组合在一起进行练习，实战中攻防技术的实施主要是通过各种不同的步法运用和变化而实行的，而且使用的步法都是有意或无意地组合起来综合运用的，所以在掌握单步法练习的基础上要进行多步法的组合练习，只有熟练地运用各种步法组合才能在实战中发挥拳、腿的功效。

3.步法攻防练习

步法的攻防练习是指两人一组，按照攻防的运动规律有针对性地进行练习，两人或攻或防，对空间和距离进行反复练习，使自己的动作更加快速灵活，进而达到进退自如的目的。

4.结合技术进行步法练习

步法的目的主要是为攻防服务的，在两人进行条件战时，有针对性地进行拳腿法与步法结合的练习，使步法能够根据实际情况的变化而改变，把攻击与反击的技术与步法紧密结合起来，做到在移动中进攻，在移动中防守，使步法的运用与拳法、腿法融为一体，成为进攻、防守、反击的有机衔接技术，进而达到实战胜利的目的。

第四节 散打拳法

一、直拳

（一）前直拳

前脚向前迈出一小步，大约10厘米，左拳内旋，向前滚动击出，拳心朝下手腕微下压，力达拳面，收拳时路线不变，沉肘收拳，同时前脚收回，还原成预备格斗式（图6-47、图6-48）。

易犯错误：出拳时后手离开防护位置，出拳时肘部自然抬起。

图 6-47　　　　　　　　　图 6-48

（二）后直拳

前脚前迈一小步，后脚跟步，同时转腰合髋送肩，右拳（后拳）内旋，滚出击出，沉肘收拳，撤回上步，还原成格斗准备姿势（图6-49、图6-50）。

易犯错误：原地冲拳和冲拳时抬肘，防护手离开防护区域。

图 6-49 图 6-50

二、摆拳

（一）左摆拳

上体微向右转，同时左拳向外（约45°）、向前、向内成平面弧形横击，臂微屈，拳心朝下。同时转腰发力，力达拳面或偏于拳眼侧（图6-51、图6-52）。

易犯错误：摆拳幅度过大，翻肘过早，收拳路线模糊。

图 6-51 图 6-52

（二）右摆拳

右脚微蹬地并以前脚掌向内转，合胯并向左转腰，右拳向外（约45°）、向前、向内成平面弧形横击。同时上体左转，腰胯发力，力达拳面或偏于拳眼侧（图6-53、图6-54）。

易犯错误：摆拳幅度过大，翻肘过早，收拳路线模糊。

图 6-53 图 6-54

三、勾拳

（一）左勾拳

上体微左转，重心略下沉，腰迅速向左转，发力于腰，左拳由下向前上方勾击，上臂和前臂夹角在90°~110°，拳心朝里，力达拳面（图6-55、图6-56）。

易犯错误：左拳向外绕行，重心上提、歪胯。

图 6-55　　　　　　　　　　图 6-56

（二）右勾拳

右脚蹬地，扣膝合胯，腰微右转。同时右拳向下、向前、向上勾击，上臂与前臂夹角在90°~110°，拳心朝里，力达拳面（图6-57、图6-58）。

易犯错误：右拳先后拉再上勾，身体向上立起。

图 6-57　　　　　　　　　　图 6-58

>> 【武林人物】

李小龙，原名李振藩，1940 年出生于美国加州旧金山，祖籍中国广东顺德均安镇。他是世界武道变革先驱、武术技击家、武术哲学家、功夫片的开创者和截拳道创始人，华人武打电影演员，中国功夫首位全球推广者、好莱坞首位华人演员。

1962 年，李小龙开办"振藩国术馆"，1967 年自创截拳道。1973 年 7 月 20 日，李小龙在香港逝世，享年 33 岁。1979 年，美国洛杉矶市政府将补拍版《死亡游戏》的首映日 6 月 8 日定为"李小龙日"。1993 年，美国发行李小龙逝世 20 周年纪念钞票，好莱坞名人大道铺上李小龙纪念星徽。同年，获香港电影金像奖大会颁发"终身成就奖"。1998 年 11 月，获中国武术协会颁发"武术电影巨星奖"。1999 年，《时代周刊》评出 20 世纪英雄与偶像人物名单，李小龙与英国已故王妃黛安娜、美国总统肯尼迪等一同上榜。由香港七家电子传媒联合举办的"世纪娱乐风云人物选举"，李小龙荣登"娱乐风云人物榜"首位。2000年，美国政府宣布发行一套"李小龙诞辰60周年纪念邮票"，这是继玛丽莲·梦露和007后第三位获此殊荣的艺人，也是华人第一人。2003年，美国《黑带》杂志推出李小龙逝世30周年纪念专辑"李小龙对美国武术界的恒久影响"。2008年11月，全球最大的李小龙纪念馆在其祖籍顺德均安镇开幕，总占地面积3.7万平方米。

腿法

一、侧踹腿

以左腿为例，左腿提膝，转髋，含胸收腿，小腿上翻，膝盖下压，右脚带步。左腿蹬腿，脚底对向击打目标，收膝、撤步。

易犯错误：踹腿时左手甩到臀后，力达对方时臀部外撅（图6-59、图6-60）。

图 6-59 图 6-60

二、正蹬腿

以右腿为例，右腿微屈支撑，左腿提膝抬起，勾脚，当膝稍高于髋时，以脚领先向前蹬出，髋微前送，力达脚掌（图6-61、图6-62）。

易犯错误：提膝不过腰，髋、踝关节放松，力不顺达。腰部放松后倾。

图 6-61 图 6-62

（一）前鞭腿（左鞭腿）

前腿正前提膝，向内转腰转髋，后支撑脚以前脚掌为轴，顺时针转动45°，左腿弹腿，脚尖绷直，左手后拉，右手防护面部，收左小腿，向左转腰转髋（图6-63—图6-65）。

易犯错误：不屈膝直接踹腿，转髋翻髋不够。

图 6-63   图 6-64   图 6-65

（二）后鞭腿（右鞭腿）

后腿向正前方提膝，翻髋同时转动支撑腿，以支撑脚前脚掌为轴，逆时针转动180°，弹腿，脚尖绷直，右手后拉，左手防护面部收小腿，向右转腰收髋，前脚顺时针转回原位，右脚落地，落回起点（图6-66—图6-68）。

易犯错误：左支撑脚转动时踮脚尖，发力时脚面向上。

图 6-66   图 6-67   图 6-68

>> 【推荐阅读】

《散打拳击技法》，佟庆辉著，北京体育大学出版社

这套书是作者积多年从事散打教练，特别是培养十多名全国散打冠军之训练经验，并取百家之长撰写而成，所论拳、腿、摔、擒、防等散打技法均密切联系实际，突出技击性、实战性。丛书内容丰富、图文并茂、通俗易懂，既适合广大武术爱好者自学自练，也可作为散打培训班的教材，同时也是散打运动员、教练员较好的参考书。

第六节　摔法

一、抱腿别

当对方以腿法（以侧踹腿为例）进攻时立即固牢对方腿法，抄抱其脚踝处，同时身体左倾侧化解对方攻击力，右手快速滑向对方大腿处，双手固牢，右脚上步于对方脚踝处，身体顺势左倾下压别腿，将对方摔倒（图6-69—图6-73）。

图 6-69　　　　　　　　　　图 6-70　　　　　　　　　　图 6-71

图 6-72　　　　　　　　　　图 6-73

二、抱腿压

当对方以腿法（以后鞭腿为例）进攻时，立即固牢对方腿法，抄抱其脚踝与小腿之间，重心移至右腿撤左步，以右脚掌为轴，身体向左后方旋转，以左手提、右肩压的合力，将对方摔倒（图6-74—图6-77）。

图 6-74

图 6-75

图 6-76

图 6-77

三、抱腿涮

当对方以腿法（以后鞭腿为例）进攻时，立即固牢对方腿法，抄抱其脚踝处，两手用力回拉，继而跨左步，右步右撤，双手由左上向下，过渡至右上方弧形涮腿，使对方失去重心，将对方摔倒（图 6-78—图 6-82）。

图 6-78

图 6-79

图 6-80

图 6-81

图 6-82

四、抱腿掀

当对方以腿法（以后鞭腿为例）进攻时，立即固牢对方腿法，抄抱其脚踝与小腿之间，快速掀起对方进攻腿，抬高腿部与地面之间的高度，顺势上步跟进下压颈部，使其失去重心，将对方摔倒（图6-83—图6-87）。

图 6-83　　　　　　　图 6-84　　　　　　　图 6-85

图 6-86　　　　　　　图 6-87

五、抱腿扫

当对方以腿法（以侧踹腿为例）进攻时，立即固牢对方腿法，顺势以右脚抢先进步，用左手抄抱其小腿，左腿抬起前伸，抬高腿部与地面之间的高度，同时右手快速滑向大腿处，与左手配合控制，右脚快速扫其支撑腿脚踝处，使对方失去重心，将对方摔倒（图6-88—图6-91）。

图 6-88　　　　　　　图 6-89

图 6-90   图 6-91

六、拱摔

　　当对方以拳法（以后直拳为例）进攻时，身体快速下潜躲闪，两手抱对方双腿膝窝下部，同时用左肩前顶对方大腿根部或腹部，两手用力回拉，使对方失去重心，将对方摔倒（图 6-92—图 6-95）。

图 6-92   图 6-93

图 6-94   图 6-95

七、过桥摔

　　当对方以拳法（以后直拳为例）进攻时，身体快速下潜躲闪，两手抱对方双腿膝窝下部，肩部顶住对方小腹处，两臂与顶肩配合，同时将对方扛起，顺势投向背后方，将对方摔倒（图 6-96—图 6-99）。

图 6-96

图 6-97

图 6-98

图 6-99

八、夹脖摔

  当对方用拳法（以摆拳为例）攻击头部时，立即以右手挂挡对方拳，迅速夹握对方右前臂，同时右臂从对方左肩穿过后，屈臂夹住对方颈部。左脚向后插半步与右脚平行，两腿屈膝，臀部抵住对方小腹。然后身体右转发力，两腿蹬伸，弓腰，头向左转，将对方背起后转体摔倒（图 6-100—图 6-103）。

图 6-100

图 6-101

图 6-102

图 6-103

　　　本章主要讲述了散打格斗式、格斗技术、散打步法、散打拳法、腿法、摔法，其中各种技术又另有更细致的分类。例如，摔法又分为抱腿涮、抱腿掀、抱腿扫、拱摔、过桥摔、夹脖摔等技术。

　　　本章对散打的各种基本技术作了细致的阐述，并对一些基本的进攻防守方式进行了介绍。

1.散打格斗式的动作要领是什么？

2.散打步法的分类？

3.基本腿法包括哪几种？

4.摔法的几种技术详解是什么？

第七章
武术功力技法分析

【学习目标】

使学生了解武术功力技法的基本内涵和外延，掌握武术功力技法训练的基本手段，以及利用武术功力技法和器械练习提高力量、柔韧等身体素质水平，提升功力技能水平。

【学习任务】

（1）了解武术功力以及身体素质训练的基本知识。

（2）熟练掌握运用武术功力技法进行力量与柔韧素质练习的方式与方法。

（3）熟练掌握运用相关器械进行力量和柔韧等素质练习的方式与方法。

（4）体验通过武术功力技法的训练增强身体素质，提高练习者的武术功力水平。

（5）培养运用练习者运用武术功力技法进行身体素质练习的兴趣和爱好。

【学习地图】

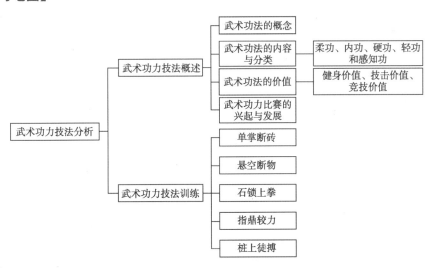

武术功力技法概述

一、武术功法的概念

拳谚曰："练拳不练功，到老一场空。"此处所言之"功"，指的是武术中基本的练习方法或锻炼方法，亦称之为"功法"。在明代问世的《易筋经》，清代刻本的《内功图说》，民国年间出版的《少林七十二艺》和《练软硬功秘诀》中，记载有上百种练习形式不同的功法。流传至今的武术各拳种、流派中，都有着各具特色的、丰富的功法练习内容。由此可见，功法是武术的主要运动形式之一。

关于武术功法的概念，可界定为：以掌握和提高武术套路和格斗技术、诱发武技所需的人体潜能为目的，围绕提高身体某一运动素质或锻炼某一特殊技能而编组的专门练习。主要包括提高肢体关节活动幅度及肌肉舒缩性能的"柔功"，锻炼意、气、劲、形，完整一体的"内功"，增强肢体攻击力度和抗击能力的"硬功"，发展人体平衡能力和翻腾奔跑能力的"轻功"等。

从目前见到的文献来看，武术功法是随武术的萌生而兴，随武术的发展而盛，随武术技术的演进而变化的。

（一）硬功

"硬功"很早就受到人们的重视。《史记·殷本纪》记有帝武乙做偶人，"与之搏"。偶人是土木做成的人模。与偶人搏斗，很像后世的"木人功"锻炼法。这类提高击打能力的硬功功法，发展到明代已流传有打动靶和打静靶两类。唐顺之《武编·卷五》记有悬米袋或蒲团，或在平地上立三尺长凳或石墩为靶，以钻腿、桩腿、蹴腿、弹腿等腿法进行踢击练习。这与近现代的"吊袋功""踢桩功"基本相似。硬功中提高抗击、抗压能力的功法，在唐代已较流行。唐睿宗（684 年）时的杂技表演中已有"卧剑上舞"（见《信西占乐图细部》），唐武宗（841—846 年）时，有个名叫管万敌的供奉，颇有膂力，他奋力用拳击一麻衣人，却"如扣木石"（见《剧谈录》）。当时医家用于自我按摩的"拍击法"，是以指环、手、拳拍击身体，与后世"排打功"的初步练法相似。近现代的"排打功"和"钢刀排身""卧叉"等表演，很可能就是从唐代继承发展而成的。硬功中提高力量的锻炼法，在汉代有"扛鼎"（举鼎），晋唐间有"翘关"（推举铁棒），清代流行有"舞刀"。舞刀是以铁制大刀为械，进行推举和舞花等力量练习，很像是举铁棒进一步结合武术技术形成的。清代，将一般练力法结合武技形成的功法很多，如"石锁功""鹰爪功"等。

（二）轻功

"轻功"也是较早受到重视的功法。例如，在战国时的《列子·汤问》中，载有将木桩"计步而置，履之而行，趣走往返，无跌失也"的练习方法，很像后世"梅花桩""跑桩"等功法的远迹。又如，《梁书·羊侃传》记南北朝时的羊侃，"尝于宽州，尧庙蹋壁，直土至五寻，横行得七迹"。《朝野金载》记，唐代柴绍之弟"尝著吉莫靴走上砖城，直至女墙，手无攀引。又以足指蹈佛殿柱至檐头，捻橼覆，上越百尺楼阁，了无障碍"。这些记述，很像后世所谓"飞檐走壁"功。再如，《陈书》中载，南北朝时黄法氍"步行日三百里，距跃三丈。"陈灵洗"步日二百余里"。明代戚继光《纪效新书·卷六》述此类练法云："如古人足囊以沙，渐渐加之，临敌去沙，自然轻便。"这些记述和练法同于后世的"陆地飞行术"。

（三）内功

武术功法中的"内功"，是武术技法与古代气功结合的产物。宋代已流行的"八段锦"，采用"左右开弓""攒拳怒目""四面冲击"等武技动作，进行以气助势、以气助力的练习，属于早期武术内功练法。武术内功在与古代气功长期融摄的过程中，不断完善。明代天启四年（1624年）问世的《易筋经》，标志着武术内功已发展成一个能与医疗保健气功并立的武术气功体系。它强调内壮与外壮统一，追求通过内外俱练，"使气串于膜间，护其骨，壮其筋"，达到"并其指可贯牛腹，侧其掌可断牛头"的效能。各拳种内功，大都以养气、练气为基本形式，追求以气助势、以气助力、以气为技击服务。内功练习与其他武术功法结合渗透，使武术功法皆具有气功特点。

（四）柔功

武术功法中的柔功，是锻炼提高柔韧素质的基本手段，历来受到习武者的重视。明代唐顺之《峨眉道人拳歌》中，说道人练拳时"白折连腰尽无骨"。戚继光《纪效新书·拳经捷要》中说："学拳要身法活便，手法便利……腿可飞腾……活着朝天，而其柔也。"随着武术套路技术的发展，柔功越受重视，不论欲达一定动作规格，还是提高武术动作的艺术表现力，都离不开柔功。因此，在现代武术中，柔功得到了较好的发展。长拳基本功训练中的柔功练习，形成了较为系统的内容和程序。

（五）武术功力

论述武术功法的概念，自然会涉及另一个与之密切相关的概念——武术功力。所谓武术功力，是指通过武术锻炼获得的运动能力和专门技能所达到的水平。这种运动能力，既包含有武术运动需要并表现出的专门能力，也包括有人体活动的一般能力和对外界的适应能力。

直观来讲，武术功力是对武术锻炼中获得的桩功功力、腿功功力、腰功功力、臂功功力、眼功功力、耳功功力、内功功力等各种单一功力，以及套路演练技能和与人格斗技能等功力的总称。从某种程度来讲，武术练习的基本目的就是提高功力。

二、武术功法的内容与分类

武术功法内容丰富、形式多样。各门各派都有着各具特色的功法，按照锻炼方式和锻炼效果的不同，大致可分为武术柔功、内功、硬功、轻功和感知功五类。

（一）武术柔功

柔功是武术功法的一类，泛指锻炼肢体关节活动幅度和肌肉舒缩能力、提高柔韧性的练习方法。

在武术运动中，不论是要达到一定的拳式规格，表现一定的运动幅度、速度和力度，还是要在对搏时击中对手和闪避对方的攻击，都直接受着肢体关节活动幅度的大小、肌肉舒缩能力优劣的影响。因此，柔韧素质是习武者最基本的体能之一。

柔功的内容主要包括肩部柔功、腕部柔功、胸背部柔功、腰部柔功、腿部柔功和足踝部柔功。柔功的锻炼形式有静压和动转两类：静压又分为以自身内力进行练习的"主动压"和借助外力进行的"被动压"；动转是肢体以某关节为轴进行的屈伸、收展或绕环的运动。柔功练习中，静压和动转两种运动形式缺一不可，相辅相成方能获得柔功练习的最佳效果。

（二）武术内功

武术内功是武术运动中，采用以意领气、以气运身、以身发力为基本锻炼手段的一种内外兼修的方法。它的目的在于锻炼人体运动时，意、气、劲、形四者一动俱动、一到俱到、一止俱止的能力。通过武术内功锻炼，可以获得内壮外勇、内外合一以及激发人体潜能的效果。

内功的锻炼形式分为静功和动功两类：静功以桩功练习为主，也包括坐功和卧功；动功则以肢体导引为主。武术内功既是练内培本的武技筑基功夫，又是健身强体、延年益寿的养生功夫。

武术内功的内容主要包括各流派的桩功（如浑元桩、骑马桩、七星桩、养生桩等）、坐功，以及武八段锦、十二段锦、易筋经十二势、太极筑基功、八卦转旋功、形意三桩五拳功等。

（三）武术硬功

武术硬功泛指增强身体抗击力和攻击力度的练习方法。硬功的种目很多，大致可分为抗击类和增力类：抗击类包括锻炼局部的铁砂掌、铁头功等，亦有锻炼全身的排打功、金钟罩等功法；增力类包括增强指力和臂力的上罐功、拧棒功，增强腿力的石柱功等。硬功以内部的意气锻炼和外部的撞击操习相结合。其内练注重以意领气，意到气到，气到力发，提高在意识的支配下，将全身的劲力集中从肢体随意部位发放出去的能力。其外练注重增强肌肤的结实和承受反作用力的能力。这种内外结合的练习，能使人体锻炼成"无一处惧打，亦无一处不打人"的所谓"金刚之体"。硬功锻炼有助于强筋骨，长力气。但练习时要严守循序渐进原则，注意防伤，以免损坏身体。

武术硬功功法颇多，常见的有掌旋球功、推山掌功、合盘掌功、抓绷子功、抓圆锥功、拔桩功、锁指功、拈捻功、拈悬功、点石功、一指禅功、卷棒功、拧棒子功、上罐功、麻辫功、揉球功、铁牛耕地功、蜈蚣跳功、打狗皮袋功、吊袋功、石锁功、石柱功、铁头功、抵棍功、螳螂功、摩擦功、戳插功、滚铁棒功、双锁功、霸王肘功、靠臂功、拍靠功、搂贴撞靠功、木人功、排打功、金钟罩功、铁膝功、踢跟功、踢桩功、打桩功等。

（四）武术轻功

武术轻功泛指以步履轻快、纵跳自如，以及攀高走脊为锻炼目的的各种功法。轻功训练主要是通过逐步增加跳跃的高度、身负重物（如沙袋、铅衣等）的重量，以及减少载负体重的支持力等多种手段，提高训练难度，增进自身的力量、速度和平衡能力，促进发挥人体潜能。传统的轻功功法有跑桩功、走砖功、梅花桩功、跑缸边功、跑笸箩功、飞行功、跳坑功、跑板功等。

（五）感知功

武术感知功是提高视觉、听觉和皮肤等感官感知能力的功法。主要包括眼功和耳功。

1.武术眼功

武术眼功泛指武功中保养视力以及发掘视机能和非视觉"视"（感知）物潜能的各种锻炼方法。按其训练形式，眼功锻炼可分为静态视静物、静态观变动、动态视静物、动态观变动四类。眼功功法有闭旋开定功、夜视功、观日功、不瞬功、看彩条功、点棉球功、宁神观变功、滑步辨招功、运眸功、易筋经目功、吐"嘘"养眼功、拉耳明目功等。

2.武术耳功

武术耳功泛指武功中保养听力以及发掘听觉机能和非听觉"听"（感知）辨潜能的各种锻炼方法。耳功功法有闻钱鸣功、听彩条功、闪沙包功、营治城郭功、左顾右盼功、掩启耳门功、鸣天鼓功等。

三、武术功法的价值

数千年来传承不衰的武术功法，在不同的历史时期，都具有显著的锻炼价值。在当代，武术功法的价值主要体现在以下三方面。

（一）健身价值

武术功法运动具有壮外强内的健身价值。众多的硬功、柔功等具有提高身体抗击能力，增强肌肉关节活动范围，以及锤炼骨骼的抗击、抗拉强度的功效。以提高内在功能为主的内功，既是武术功力增长的核心训练方法，更是使人体内壮的手段。武术功法中特别强调内功的修炼，内练离不开对意识、呼吸以及身体的调节，许多功法就是通过肢体的活动，并配合意念循经络运行来进行，这样有利于运行气血、营内卫外、联络脏腑，通过疏通经络达到医疗保健的作用。

（二）技击价值

技击是武术的核心本质，武术功法练习的最初主旨就是为了提高技击能力。一些功法练习直接来源于技击动作，如站桩功中的骑马桩、三体式；通背拳练肩部柔韧性和劲力通透性的功法，抡劈、引手等，采用的也都是攻防技击动作；还有一些功法练习是为了提高击打和抗击打能力，比如硬功中的排打功、打沙袋等。通过直接或间接服务于技击的功法练习，能有效提高技击能力。

（三）竞技价值

从历史角度说，武坛较技、比试，比较的都是功力。一些拳家、名手常常以显示功力的方式，达到不战而降服对手的目的。不仅民间较艺比试的是功力，作为国家选拔武职官员的武举考试，比试的也是功力。奥运会比赛项目大多是采用某一专门的单一动作或单一形式进行"更快、更高、更强"的比赛。这些很像武术运动中为提高某一专门能力而采用的功法。如果从武术功法中选择一些功法，作为比赛项目，其可比性、观赏性，或者说"更快、更高、更强"性，并不会亚于奥运赛项。例如，武术功法中的梅花桩，其难度和艺术价值并不会低于西方体操中的平衡木。武术功法在比力量、比速度、比柔韧、比稳定、比准确、比技巧，以及比格斗等方面具有突出的竞技价值和广阔的发展前景。

四、武术功力比赛的兴起与发展

武术功法是武术的三大运动形式之一。然而，由于人们认识武术的局限，功法运动多年来被游离于武术概念之外。为丰富武术赛事，加快武术功法运动的体育化进程，国家体育总局武术运动管理中心于2014年两次邀集有关专家学者，在广州和北京召开了武术功力比赛赛项论证会，对各地武术行家报送的56种功力比赛赛项和竞赛规则进行了认真论证，还对比赛的规程、规则进行了修改和完善。会后，制定并颁布了《首届全国武术功力大赛竞赛规程》和《武术功力竞赛规则》。随后，在河南大学体育学院举办了首届全国武术功力项目教练员、裁判员培训班，为首届全国武术功力大赛的举办进行了积极的筹备。

2004年11月20—21日，由国家体育总局武术运动管理中心、中国武术协会主办，广东省佛山市体育局、顺德中南集团有限公司承办的首届全国武术功力大赛，在武术大师黄飞鸿和李小龙的故乡——广东佛山成功举办。比赛设有规定项目竞赛、自选项目表演赛、特邀项目汇演三类竞赛和表演项目。"规定竞赛目"共设6项：单掌断砖、石锁上拳、对拧长杆、抛接沙袋、绳镖击靶、桩上徒搏；"自选项目表演赛"项目分为四组：克服重力组、击打能力组、灵敏能力组和其他能力组；凡武术传习掌握的各种武术绝技，不宜列为自选项目表演赛项目的，均列入特邀项目汇演。为办好这一新兴赛事，承办单位顺德中南集团有限公司除对比赛进行全额赞助外，还出资18万元，奖励获得规定项目前六名和自选项目一、二、三等奖的运动员。大赛还组建了调研组，着重对竞赛项目的设置、竞赛规则、裁判法及相关问题进行调查研究。首届全国武术功力大赛的举办，是武术运动发展中一个新的里程碑，标志着一种新的武术竞赛形式的诞生。

首届全国武术功力大赛顺利落下帷幕之后，国家体育总局武术运动管理中心便召集有关人员，根据首届全国武术功力大赛举办情况以及调研组的研究报告，对第二届全国武术功力大赛赛项进行了论证，将"对拧长杆"和"绳镖击靶"更名为"长杆较力"和"流星打靶"，"抛接沙袋"由规定竞赛项目变更为自选表演赛项目，单列了"夺桥徒搏""悬空断物"和"指鼎较力"三个比赛项目；对部分规定竞赛项目的场地和器材进行改革，修订了《武术功力竞赛规则》。为提高竞赛项目的运动水平和裁判员的执裁能力，促进功法运动的普及与提高，国家体育总局武术运动管理中心和中国武术协会于2015年9月29日至30日，在北京举办了第二届全国武术功力比赛项目教练员、裁判员资格培训班，来自全国各地的138位学员参加了学习，为第二届全国武术功力大赛的顺利举办奠定了基础。2005年11月26至27日，由深圳卉亨科技发展有限公司承办的"军安杯"第二届全国武术功力大赛，作为深圳"国际旅游文化节"的重头大戏在深圳锦绣中华·民俗文化村隆重开幕，来自全国39支代表队的近200名运动员进行了激烈角逐。赛会上新增项目备受欢迎，改革项目成效显著，优秀选手不断涌现，使武术功力大赛获得了新的发展。

在社会各界的支持与共同努力下，全国武术功力大赛已成功举办了两届，军安投资集团承办的第三届全国武术功力大赛将于2006年1月拉开战幕。这一新兴赛事的举办打破了武术以套路和散打为主的竞赛格局，使多年来流传于民间的武术功法运动拂去了神秘的色彩，登上了现代体育竞技的大舞台，拓展了武术竞赛领域，对武术运动的全面发展起到了积极的推动作用。国家体育总局武术运动管理中心王筱麟主任在《武术研究》一书的序中，对武术功法运动的开展作了这样的评价："全国武术功力大赛的举办，使得武术运动中这一基本的却一度被忽视的锻炼方式，进入赛场、进入全民健身领域。这应该是武术全面发展方面的一个研究成果，也应该是在武术可持续发展方面的一个研究成果。"

举办首届全国武术功力大赛是一创新之举，办好第三届全国武术功力大赛，乃至将这一赛事发展为固定的锦标赛赛制，促进武术运动竞赛的科学发展、全面发展、持续发展，都需要我们继续以创新的精神沿着创新之路奋进。目前，武术界人士正携手努力，在总结经验的基础上，完善竞赛项目和竞赛规则，进一步开拓新的、形式多样的、各具特色的功法竞赛项目。在丰富全民健身项目和发展武术竞赛项目的同时，为东方体育的发展，为与西方体育一道展示全球体育运动风采，作出当代人的奉献！

>> 【推荐阅读】

《武术汇宗》，近代著名武术家万籁声著，山西科学技术出版社

讲述中国武术修炼之法。万籁声为当代武林泰斗，南北大侠杜心五先生的掌门大弟子，自然门武学第三代掌门人，是一代爱国武术家、武术教育家。先生言："中国武术，可谓精深已极，小之防身护己，强筋壮骨；大之捍御外侮，为国效命。其能使懦夫强，怯者立，盖非虚语也。"

武术功力技法训练

一、单掌断砖

单掌断砖是指练习者通过运气发力，用一手掌击断砖块的一种武术功法运动。单掌断砖源于武术掌功功力演示方法，武术传习者经过铁砂掌、插沙、打狗皮袋等练习，常常通过一掌打断砖块的数量多少，验证和展示手掌的打击能力。

单掌断砖在我国民间武术中有着广泛的流传和悠久的历史，经过武术科研工作者的挖掘整理，2004年被列为全国武术功力大赛的规定竞赛项目。在比赛中，以运动员一掌打断砖块的数量来判定胜负。

单掌断砖的技术教学包括断砖、固本培元功、五心纳气法、空击和打沙袋等练习内容。

（一）场地及器材要求

1. 场地

比赛场地是一直径为8米的平台，练习时可在平地上进行。

2. 支架

金属支架有3种，高度分别为0.6米、0.8米、1.0米；架面至两端有横梁，用以支撑砖的两端，运动员根据自身身高情况选择支架的高度，但支架与砖的高度之和不得低于本人直立时髋关节的高度。

3. 砖块

普通建筑用的红砖。大致规格：长24厘米、宽12厘米、高5厘米。比赛用砖由大会指定厂家同炉烧制，统一封存，统一提供。

（二）技术学习

1. 断砖

（1）预备动作。运动员上场后，向场上裁判员行抱拳礼；然后，正对支架开步站立，两脚约比肩宽，身体相距支架约一臂距离。

（2）左轮劈（右抢劈）。由预备动作起，身体重心移至右脚，身体随之微右转；同时，右臂由下向左向上弧形抢起，上举于头前上方，高过头；然后，运气发力，以右掌根内侧为力点（不能握拳）向砖块击打；击打砖块时，要以意领气，以气发力。

要点：第一，找准发力部位——掌根内侧。第二，向下砍击时，速度要快，力点要准，直击砖块中间部位。第三，意、气、劲、形合一，以整劲劈击。

（3）结束动作。向场上裁判行抱拳礼后下场。

2. 固本培元功

（1）松身调意。全身放松，不拘坐、立、行、卧，意念集中。

（2）吸气。以鼻细长、均匀地吸气，引入小腹丹田内，然后收缩肛门（如忍大便状），同时上下齿用力咬扣（不出声），意想小腹内。

（3）呼气。以鼻自然呼气，要呼尽。

（4）拍腹。以手掌或半握拳拍打小腹部；每拍击时，以呼气配合，同时实腹迎击；手掌离开腹部时吸气。共拍腹9次。

（5）收功。以鼻呼气，气息要长、细、匀。

要点：全身放松，意念集中，以意领气，体悟气感。

3.五行纳气法

（1）松身调意。全身放松，不拘姿势，意念集中。

（2）以意行气。先意守丹田3~5分钟后，即采用顺呼吸法进行缓慢、柔和、自然的呼吸；然后，进行先呼后吸，吸气细长呼气短促的练习，吸气时想象天地精华之气随着吸气从顶心、手心、足心源源不断地收聚入丹田，同时放松会阴和肛门；呼气时收提会阴和肛门，并意想体内浊气由双手劳宫、双足涌泉排泄出来。如此一呼一吸，反复练习20~30分钟。

（3）收功。两手重叠，以右掌心劳宫穴按于肚脐上，左手搭在右手背上，以肚脐为中心，先按顺时针方向自右向左，速度均匀地轻轻转18~36圈；然后再换为逆时针方向，速度均匀地转18~36圈。再以双手互擦至热后，轻擦颜面部数次，放松全身肌肉，缓行十数步，功毕。

要点：全身放松，意念集中，以意念配合呼吸。

4.空劈

两脚平行开立，距离约与肩宽，右手提起与头同高，双腿屈膝下蹲，以右掌根为力点，向下快速空劈。

要点：要求全神贯注，做到心想、眼看，以意领气，以气催力，运用呼气配合发力，以意识引导动作，做到快速准确。

5.打沙袋

（1）拍法（又称正拍）。将装好铁砂并缝合好的沙袋平置于方凳上，距离方凳约50厘米站好马步，一手掌直臂高举过肩，肩、臂、手腕均放松自然下落，以掌心为力点拍击沙袋。两掌交替练习，或一掌拍打若干次后，再换另一手掌进行拍打练习。

（2）劈法。一手掌直臂高举过肩，肩、臂、手腕均放松自然下落，以掌根内侧为力点劈击沙袋。两掌交替练习，或一掌劈打若干次后，换另一手掌进行劈击练习。

（3）抽法（又称反拍）。一手掌直臂高举过肩，肩、臂、手腕均放松自然下落，以掌背为力点抽击沙袋。两掌交替练习，或一掌抽打若干次后，换另一手掌。

要点：要求力点准确，用力由小到大，速度由慢到快。

（三）单掌断砖的训练

1.技术训练

断砖的技术训练应先在沙袋上练习，然后慢慢过渡到木板或者砖块上练习。用力由小到大，每次练习的次数以30次为基础，随着功力的增长逐渐增加。

2.功力训练

（1）固本培元功练习。练习时每7次为1遍，初练时可做1遍，然后逐渐增加到每次练习做7遍。早晚各练习一次，每次20~30分钟。

（2）五心纳气法练习。早晚各练习一次，每次20~30分钟。

（3）空练。主要以空砍、空劈为主，每天练习两次，每次练习10~20分钟。

3.打沙袋练习

（1）自然打法。一手臂由下向上举起，高过头，用60%左右的力量，以拍法、劈法、抽法交替打击沙袋（内装绿豆）。自然打法的练习时间约为三个月，每天练习两遍；首月每遍200次左右，第2月每遍400次左右，第3月每遍600次左右。

（2）寸劲打法。一手俯掌预备，然后外旋成立掌，借手掌旋转的惯性发力，以寸劲下劈沙袋（内装铁砂）。手掌俯时吸气，击打时呼气。练习的时间、次数的安排与自然打法相同。

（3）抡劈打法。一手臂左、右抡起，将全身之力聚于手掌，以拍法、劈法、抽法交替打击沙袋（内装铁砂）。手臂抡起时吸气，击打时呼气。练习的时间、次数的安排与自然打法相同。

整劲打法练习6周后，可根据练习者的体力与时间掌握练习次数，但每天练习的总次数不能低于1 200次。只有坚持不懈才能达到较高的功力水平。

（四）注意事项

1. 练习中的注意事项

（1）练习中首先应采取循序渐进的方法，打下扎实牢固的基础。

（2）练习时要注意身体的全面协调发展。

（3）练习结束后要多做放松性的练习，使过度紧张的神经和肌肉完全放松，加快疲劳的消除和恢复过程。特别要对发力手掌进行放松和药物（药方附后）辅助恢复。

2. 比赛中的注意事项

（1）击打多块砖时，应注意将砖块摆齐。

（2）在击打砖块时，非打砖手不得抚摸砖块。

3. 防伤措施

（1）根据不同练习方法的不同需要，练习前充分做好全身或重点部位的准备活动，防止受伤。

（2）击打部位要准确，减少对手掌和手腕的损伤。

（3）严格按照循序渐进的原则进行训练，避免急于求成，造成损伤。

>>【知识拓展】

掌功洗手药方

药材：狼毒6克、当归10克、血竭10克、海马10克、红花10克、乳香12克、没药12克、透骨草12克。

熬法：用1.5千克食用醋烧开后文火熬3～4小时，待熬到一半时，加白酒0.75千克，再熬10分钟即可。

用法：每次打沙袋结束后，用药水涂抹手掌。

注意：此为外用药，切忌入口。

▌二、悬空断物

悬空断物是指练习者通过运气发力，用手掌击打一端支撑、另一端悬空的条状物体的悬空部分，并击断悬空物体的一种武术功法运动。

悬空断物是金刚力功的练习方法之一，原名"空断石板（钢条）"。鉴于这种方法注重练意气、练技巧、可比性强，因此将其名称规范为"悬空断物"，并制定了赛法和评判方法，作为武术功力比赛的一个项目，在比赛过程当中，以一掌击断同种悬空条状物的厚度或数量来判定胜负。

悬空断物的基本技术包括断物、站桩、打桩、空劈等练习内容。

（一）场地及器材要求

1. 场地

在赛场中，放置石面或铁面支撑台，台面的长、宽分别为50厘米、40厘米，台高65～70厘米。

2. 器材

钢条、石条、红砖、冰砖，由大会按统一规格进行准备，统一封存备用。

（二）技术学习

1. 断物

（1）预备动作。运动员上场后，向场上裁判员行抱拳礼；然后，正对支撑台开步站立，两脚约比肩宽，身体相距支架约一臂距离。

（2）练法。将条状物（钢条、石条、红砖、冰砖）的2/3顺向放置于支撑台中央上，另1/3部分伸于支撑台面外。然后，身体重心移至左脚，上体随之微左转，同时，右臂由下向上扬举于右前上方，高过头；然后上体微微回转，同时，运气发力，以右掌根内侧为力点击打悬空部分的中线部位，使之断开。

要点：发力前必须使手腕、小臂放松，手指放松，然后以意运气至腕部掌根处，用腕部掌根处快速击打露出支撑台面1/3处的中间位置。

（3）结束动作。向场上裁判行抱拳礼后下场。

2. 站桩

（1）双叠掌。两脚开立，宽与肩同，身体松静，自然站立；心平气和后，双手腕外旋至掌心向外；紧接两掌手心向上从身体两侧侧平起，至头上百会穴，双掌心向下，沿头脸部一边向下一边叠合（男左手在里，女右手在里），至下丹田时，双掌劳宫穴和丹田重合。

（2）三嘘息（金龟三嘘息）。接上动，膝关节微屈，慢慢下蹲，边下蹲边用鼻吸气，下蹲至马步时，身体起立，双掌在腹前分开并上提至与胸齐高，双掌心向内，劳宫穴相对，掌指分开，拇指向上，两掌相距约10厘米，双掌距胸约30厘米，成环抱式站桩，同时用鼻呼气。该蹲起动作共重复三次。呼吸应自然，不能强吸强呼。

（3）开合拉气。接上动——环抱站桩式不变；十指放松，然后慢慢向外拉开，拉至约与肩宽距离后再向里合。双手边向外拉边用鼻吸气配合，双手向里合时需要边向里合边用鼻呼气配合。重复进行开合拉气练习，约5分钟。

（4）站桩。接上动，保持环抱站桩式不变，眼睛似闭非闭，舌舐上腭，用鼻自然呼吸，全身放松，各关节似曲非直，意守下丹田，进行站桩练习。初练时，站8～10分钟。随训练水平提高逐渐增长站桩时间，可至1小时左右。

（5）收功。开合拉气，练习约5分钟。然后三嘘息，重复练习3次。随即捧气贯顶：接上动，身体自然站立，双手相合，双手相互搓热，再用双手搓脸；然后，双手自然放下置于身体两侧；紧接着，两手腕外旋成掌心向外，随即两掌手心向上从身体两侧侧平举至头顶百会穴，双掌心向下，意想将气贯入百会穴；然后双掌沿头脸部一边向下一边叠合（男左手在里，女右手在里），至下丹田时，双掌附于丹田处，双掌劳宫穴和丹田重合；意至丹田，并以意领气绕丹田旋转数次（男向左旋转，女向右旋转），重复上述动作3次，功毕。

要点：要求全身放松，意念集中，意念、呼吸与动作协调一致。

3. 打桩

练习时双脚自然开立，用右手（或左手）掌根处（又称气口），放松轻轻弹击桩体，多次重复，每次弹击打桩体时，小臂、手腕必须放松，不能用僵力。击打次数不限，根据个人情况而定。

要点：要求力点准确，轻弹，不要用僵力。

4. 空劈

双脚开立，略比肩宽，身体半蹲成高马步，右手（或左手）提起至头高，掌心自然向下，手臂、手腕放松。然后，手腕微外旋，以意领气至掌根，以掌根为力点快速下，练习次数不限。

练习结束时身体起立，成自然站立式，重复练习开合拉气动作即可结束。

要点：手腕、手臂放松，切忌僵力；以意运气，气达掌根，以掌根为力点用爆发力快速下劈。

（三）悬空断物的训练

悬空断物的训练包括筑基、拍腹、空练、实劈四步。

1. 筑基

以站桩为主要练习内容。每天进行两次站桩功，一般安排在早晚练习，每次练习时间不超过15分钟。随着功力的增长，每次练习时间可逐渐增加至1小时。

2. 拍腹

以手掌或半握拳拍打小腹部；每拍击时，以呼气配合，同时实腹迎击；手掌离开腹部时吸气，共拍腹9次。

3. 空练

以打桩和空劈为主要练习内容，每天练习两次。站桩和打桩结合练习，可以先练打桩，再练空劈；也可打桩与空劈交替练习。每次训练课，各练5组。打桩每组30次弹打；空劈，每组不少于20次空劈动作。随着功力的增长可循序渐进地增加练习次数。

4. 实劈

实劈训练即开始进行悬空断物的试做练习。这要在前两个训练的基础上，具备一定功力后，才能进行实劈练习。初练时击打物可以薄一些，逐渐增加其厚度、硬度。此练习安排要与上述两种练习内容结合安排，练习数量不宜太多，主要用于验证功力。

（四）注息事项

1.练习中的注意事项

（1）练习时必须按照一定的步骤循序渐进，切不可急于求成，以免对身体造成不必要的伤害。

（2）站桩功练习时，其姿势要与呼吸、意念密切配合；且全身要相对放松，不能僵硬，不能执着，要顺其自然。

2.比赛中的注意事项

（1）检查支撑平台是否稳固。

（2）准确放置被击打的物体。

（3）认准击打部位，用对着力点。

（4）放松小臂、手腕、手指，以气发力。

3.防伤措施

（1）整个练习过程要循序渐进地进行，切不可急于求成。

（2）打桩时不宜用僵力，以免肌肉拉伤。

三、石锁上拳

石锁上拳是经翻花上拳后，单臂将石锁举起的一种武术功法运动。石锁功是武坛中常用的练功方法，《少林七十二艺》中专门记载有锻炼两臂提掇之力，属硬功外壮的"石锁功"。石锁上拳是"石锁功"中的一种练法，通过这一练习增强拳面承受反作用力的能力和提高抓力、握力及臂力。

石锁上拳动作简单，男女老少皆宜。它既是一项具有浓郁民族文化特色的健身活动，还是一项直观明了的竞技项目。在比赛时，以运动员成功上举石锁的重量决定胜负。

石锁上拳包括荡锁、翻花、上拳、顶锁、放锁五个技术环节，教学时应按照技术动作的环节顺序进行。

（一）场地及器材要求

1.场地

表面平坦的室外土地；或用5厘米厚的橡胶板铺地面，空间高于5米的室内场地。场地的直径为8米，运动员在圆形场地内进行比赛。

2.器材

石锁，以青石制成（也可以其他材料制成），形状呈中国古锁形，石锁各部名称：锁簧、锁头、锁尾、锁面、锁背、头面、尾面、左面、右面。石锁头、尾前后和上下放置称为立锁，左右放置时称为横锁。石锁上应注明质量。

（二）技术学习

1.预备动作

运动员上场后，向场上裁判行抱拳礼；然后面对石锁站立，锁簧在上，锁头向前，锁尾向后，运动员与石锁的距离约为一步。

2.荡锁

俯身以右手抓握锁簧，将石锁向后方摆动，锁头要超过两腿的支撑面；借石锁回荡的惯性，两腿蹬地，向前挺腰展髋，右手臂用力将石锁向前上方摆至锁头约与肩平，呈立锁状。初学者可多荡几次。

要点：后摆幅度的大小影响着前摆的幅度。

3.翻花

上动不停，右手抖腕发力将石锁向前上抛起纵向翻花270°（锁头沿向前、向上、向后弧形翻花后下落），石锁接近呈立锁状，花高过肩。

要点：右手在石锁呈立锁状时发力。石锁翻转后，不能远离身体。

4.上拳

上动不停，当锁头垂直下落时，右手握拳，用拳面接住石锁头面，拳高于肩平。

要点：握拳要紧，拳面要平，手腕要紧张；大小臂要靠紧，尽量使石锁与人体的重心相垂直。当石锁翻转角度不足时，拳面小拇指一侧向上用力，促使石锁在立锁位置平衡；当石锁翻转超过垂直位置时，拳面食指一侧向上用力，促使石锁在立锁位置平衡。

5.顶锁

上动不停，右臂顺势将石锁向上举起，两腿直立（两腿可开立）、身体竖直、手臂伸直、拳面举托立锁稳定3秒钟。

要求：石锁上拳后，不要停顿，即刻上举。

6.放锁

屈臂使石锁回落至肩平，拳面发力将石锁顶落，使石锁向前、向下翻转90°，锁簧正对面前呈立锁位置时，右手抓握锁簧，将石锁轻放原处。

要点：注意体验拳面发力。

7.结束动作

身体直立，向场上裁判行抱拳礼后退场。

（三）石锁上拳的训练

1.技术训练

（1）荡锁练习。左右手交替进行荡锁训练，熟悉锁性。动作与单手荡锁相同，唯在石锁向上摆至垂直位置时，两手换抓锁簧。熟练掌握荡锁技巧，体验荡锁惯性。

（2）翻花上拳（掌）练习。翻花后交替用拳、掌接锁，尽量减少对拳面的磨损。通过练习石锁上拳（掌）。熟练掌握翻花技巧，提高上拳（掌）的成功率。

（3）顶锁和放锁练习。练习顶锁、放锁，锻炼平衡技巧，增强上肢力量。

（4）石锁上拳练习。完整地进行石锁上拳练习，提高翻花、上拳、顶锁、放锁技术之间的连贯性。

2. 战术训练

石锁上拳比试的是运动员成功上举石锁的最大重量。创造出最好成绩，夺取好的名次，是战术训练的核心。按照竞赛规则的规定，石锁上拳分预赛和决赛两部分，预赛试做两轮，每轮试做两次。第一轮试做成功者，方可进入第二轮，如果第一轮试做未成功，即淘汰出局；若参赛选手成绩相等，则违例次数少者、试做次数少者，以及体重轻者列前。由此来看，第一轮试做十分重要，运动员应选择既具有一定的竞争实力，又有较大成功把握的石锁重量；第二轮试做则应选择平时训练时所能举起的最大石锁重量，争取顺利进入决赛。决赛时，可根据自己的竞技水平，有选择地放弃某一重量或某一次试做，以保持充沛的体力，创造优异成绩。总之，无论是预赛还是决赛，运动员都应尽可能地减少违例和试做的次数，必要情况下赛前还需降体重。此外，赛前应进行模拟比赛练习，提高运动员对比赛的适应能力。总之，要以夺标为核心，深入理解竞赛规则，制订有效的战术方案，创造优异的运动成绩。

3. 功力训练

（1）举石锁。左、右手各持一个石锁（或壶铃）垂于两肩上，左右手交替上举。石锁的重量应大于上拳时所能举起的石锁重量；每次练习不少于3组，每次以接近最大举起的次数为宜。

（2）铁牛耕地。两腿伸直并拢以脚趾拄地；两手全面着地，分开并与肩齐宽，直臂支撑，使身体伸直悬空。两肘逐渐弯曲，使重心逐渐下降，向后移动至两臂逐渐伸直，重心逐渐向后、向上移动，臀部凸起。两臂逐渐弯曲再逐渐伸直，使重心循上述后移动作的运动轨迹前移返回。

（3）靠墙倒立。用两拳面撑地，两脚朝上靠墙或其他支撑物，保持倒立；身体伸直，头向后勾。每次练习不少于3组，每次以接近最大坚持时间为宜。身体素质好者，亦可以单拳支撑进行倒立。

（四）注意事项

1. 练习中的注意事项

（1）应选择在土场地上进行练习，以免损坏场地或砸坏石锁。

（2）石锁上拳练习应循序渐进，不能急于求成。

（3）应以翻花上掌和功力练习为主，上拳练习不宜太多。

（4）左右手应交替练习。

（5）练习结束后，要注意对全身放松，特别是对腰部、肩部和肘部的放松。

2. 比赛中的注意事项

（1）形成良好的竞技心态。

（2）制订科学合理的战术方案。

（3）赛前做好充分的准备活动。

（4）比赛时将注意力集中于技术的完成。

3. 防伤措施

（1）技术学习要由易到难，以免失误过多，造成损伤。

（2）初学者应先练习轻石锁，随着功力的增加，逐渐增加石锁的质量。

（3）石锁上拳每次练习的次数不宜过多，要穿插在其他练习之间，以免练习过多损伤拳面。

（4）练习中可戴薄线手套，减少对手的损伤。

（5）注意保护，以免被石锁砸伤。

四、指鼎较力

指鼎较力是指练习者以手指支撑完成倒立（指鼎）来比较功力大小的一种武术功法运动。

在传统武术功法中的"鼎功"，就是以手指支撑完成倒立动作。少林武功中的"鼎功"练习，强调"拳禅合一"，因而将此功法称为"一指禅功""二指禅功"（以一指支撑为"一指禅"，二指支撑为"二指禅"）。古代练习"鼎功"，主要在于提高手指的硬度、力度，在格斗中发挥点穴击要的作用。今天练习"鼎功"，除了提高手指、手臂的力量外，还有着提高人体的平衡能力、磨炼意志、娱乐观赏等功能。"指鼎较力"是借助"鼎功"的部分锻炼环节整理成的指力竞赛项目。

在竞赛过程当中，运动员用五指、四指、三指、二指、一指手指分别支撑完成倒立。通过完成倒立时，以支撑手指的数量多少或支撑手指的数量相等时，以支撑时间的长短来判定胜负。

（一）场地及器材要求

在表面平坦的室外土地，或空间不低于3米的室内场地上划定长、宽分别为1米、8米的矩形为比赛场地。训练场地可选用空气新鲜、环境安静的室外场地。

（二）技术学习

指鼎较力的技术核心是"指鼎"。围绕提高指鼎技能的练习方法包括：指鼎、培元行气法、运气催力法、罗汉卧虎功、罗汉卧式桩功、指力引体、靠墙倒立等。

1. 指鼎

（1）预备动作。运动员上场后，向场上裁判员行抱拳礼；然后，两手自然放下成并步站立。

（2）练法。根据运动员的指力大小，可采用五指、四指、三指、二指或一指支撑，完成分腿平衡和手指倒立。以下凡"以指支撑"句，用以支撑的手指数量均由运动员自定。

第一式：分腿平衡

练功者坐于地面，两腿向两侧贴地分开；两手手指抵地，运气于支撑的手指，手指用力将两腿水平撑离地面，眼向前看。

第二式：慢起倒立

重心上提，同时收腹、含胸、提臀、直肩。两腿从身体两侧一边上举一边并腿，至上肢、躯干、下肢在一个纵面内，绷脚面，完成倒立。（运动员不能自行保持倒立状态时，可由助手或借助横杆保持平衡完成指鼎较力应保持的倒立时间。）

（3）结束动作。双脚前落或后落着地，向场上裁判行抱拳礼后下场。

要点：倒立时顶肩、立腰、绷脚面、腿要直，并注意技术动作与呼吸方法的协调配合。

2. 培元行气法

第一势：培元法

两腿盘坐（自然盘、单盘或双盘坐），两眼微闭，眼睑微垂，身体自然伸直，下颌，微收，舌抵上腭，唇微闭，两手手心向上，叠于丹田之处，左手在上，右手在下，两拇指相对，全身放松。

吸气时意念天地精华之气由百会穴到膻中下聚于丹田；呼气时意念将全身浊气从全身的毛细孔排出。要求以鼻呼吸。

如此一呼一吸为1次，反复练习36次，将口内津液慢慢吞入腹内。

第二势：小周天

动作同上。

吸气时意念丹田之气下经会阴、尾闾，过命门、大椎到玉枕直达百会，呼气时意念由百会经天庭、眉心过膻中直贯丹田。要求以鼻呼吸。

一呼一吸为一次，反复练习36次。

第三势：剑指开膻式

动作同上。

吸气时两手剑指缓缓托起到胸前膻中，呼气时两手翻腕剑指缓缓向前插出，气尽而势成；意念气由丹田经膻中，沿两手臂内侧，直达二指指尖。呼吸尽量达到细、匀、深、长。

一呼一吸为一次，反复练习36次。

第四势：聚气收功

盘腿而坐，两手放于丹田，左手在内，掌心贴于丹田。右手在外，两手劳宫相对，全身放松。5分钟后，将左掌置于右掌之上，用手心贴着丹田按顺时针方向画圆，圆由小到大，再由大到小。

右掌在画圆的同时，意念天地精华之气慢慢聚于丹田，采用鼻吸鼻呼，会产生大量的津液，然后慢慢将它吞于腹内。

画圆时由小到大，再由大到小72次，收功。

3. 运气催力法

第一势：桩功

两脚开立，略宽于肩，两腿自然弯曲成高马步，两手变剑指上举与肩同高，两臂伸直，剑指指肚相对，含胸拔背，舌抵上腭，口唇微闭，下颌微收，全身放松。

吸气时，由手三阳经百会到膻中下贯丹田；呼气时意念全身病浊之气由丹田上至膻中经两腋手三阴经直达二指指尖排出，约站桩10分钟。

第二势：左右开弓

接上动，双手同时从体侧上举至头顶部上方，呼气，掌心朝下，下行于丹田处，变掌为拳握于腰间，同时两腿下蹲成四平大马步。

接上动，吸气（细、均、深、长），意感气至丹田；呼气，右脚蹬地伸直，腰微左转，左腿屈膝成左弓步；同时，右拳变为剑指向前用力插出，指肚朝下，意念气由丹田经膻中至膻下三阴经直奔指尖，力达指尖，同时用鼻发出"哼"，目视右手二指。

接上动，吸气，右腿屈膝变成马步，右手二指变拳收回腰际，呼气，左脚蹬地，腰微右转，右腿屈膝成右弓步，同时，左拳变为剑指用力插出，意念气由丹田直达指尖，同时用鼻发出"哼"，目视左手指。

左右开弓为1次，练1次为宜。

要点：吸气后闭气蓄劲，插指时腰腿同时发力、吐气，气力达于指尖；转腰、插指要迅速；吸气要细、均、深、长。

第三势：聚气收功

同"培元行气法"中的"聚气收功"，唯此处是站立完成。

4.罗汉卧虎功

两足前后开立，上身前俯，双手五指指尖撑地，与肩同宽，然后将前脚后伸与后腿并齐，脚趾撑地，两腿与身体保持在一条直线上形成俯卧式；做上下俯卧撑动作，下俯时吸气，上撑时呼气，吸气时意念将气聚入丹田，呼气时意念丹田之气经膻中穴沿双臂内侧直奔五指指尖，力乏而止。

收功：两腿站立，全身放松，意念全身之气归于丹田，两手叠于丹田之上。

随着功力的提高，支撑手指依次递减，进行四指、三指、二指、一指罗汉卧虎功的练习。

此功练习时，可以如上法伸直五指，用指尖撑地，也可五指自然弯曲，用五指第一关节支撑。

要点：练习中，不能急于求成。卧撑时，强调指、腕、臂呈一条直线，保持上肢垂直用力。

5.罗汉卧式桩功

罗汉卧式桩功动作与罗汉卧虎功相同，两脚下垫1.5米高物，保持此姿势为"桩式"，静耗3分钟，高度随着练功者功力的增长而相应加高。两脚下垫物的高度和静耗时间，随着训练水平的提高逐渐增加。

要点：凝神聚气，立腕、顶肩、脚与上身成一条直线，稳定支撑手指。

6.指力引体

（1）悬体静耗。站于单杠或能够承受人体重量的横杠之下，用中食指二指屈勾住横杠，然后收腹起腿，躯干与腿成直角状，悬体静耗1分30秒，膝盖挺直，脚面绷平，目视前方。

（2）指力引体。接上动，两腿自然落下，中指和食指钩住横杠，屈臂用力上拉，引体向上至下颌高过横杠。如此引体重复练习，数量由少到多，不勉强。

7.靠墙指鼎

（1）正靠倒立。距墙10~15厘米，双手手指撑地，两手与肩同宽，脚用力蹬地上摆，两脚紧贴于墙面，头微上抬，倒立3~5分钟。

（2）反靠倒立。由"罗汉卧式桩功"两脚下垫高物高至身高相同时，即成反靠倒立——面对墙壁的倒立，倒立3~5分钟。

要点：顶肩、立腰、绷脚面，头微上抬，两脚轻点靠于墙面。

两手手指撑地的数量，随功力提高逐渐减少，即由五指依次渐减为四指、三指、二指、一指。至此，则功成。

（三）指鼎较力的训练

1. 基础训练

指鼎较力的基础训练主要是对身体柔韧性的练习和对手指的练习。

柔韧性的练习主要包括：腕关节、肩关节、髋关节、膝关节、踝关节等部位的柔韧性练习。常用方法有：活踝、揉膝、压腿、搬腿、竖叉、横叉，以及正踢腿、侧踢腿、外摆腿、里合腿、后撩腿等。

手指的练习的方法主要有：搓、揉、按等。

2. 功力训练

指鼎较力的功力训练主要是内功的训练和手指、手臂力量的训练。本文内的培元行气法和运气催力法，属内功练习法；罗汉卧虎功、罗汉卧式桩功、指力引体、靠墙倒立等，属于提高手指、手臂力量的练习法。

上述各种方法应交叉结合练习，每天早晚各练一次，每次练习约30分钟。每次训练课并非要将上述内容全练一遍。每段时期、每课都应在全面训练的基础上，制订出需要提高的重点任务，有针对性地安排训练内容。

（四）注意事项

1. 练习中的注意事项

（1）每次训练前要做好热身活动，经过充分热身，使全身各部关节的柔韧性提高，肌肉的黏滞性降低。特别要注意手指的活动。

（2）练功中特别要注意不能急于求成。

（3）练功后，要及时用热水浸泡手指，并放在手中揉、搓按摩，使手指得到很快的恢复及保健。

（4）指鼎较力，训练强度大，体力消耗多，练功期间一定要注意调节饮食，加强营养。

2. 防伤措施

（1）练功前一定要做好准备活动，以免肌肉拉伤或指头断裂。

（2）在练功中严禁嬉戏打闹，在大怒、大悲、大惊的情况下不宜练功。

五、桩上徒搏

桩上徒搏是在梅花桩上运用推、按、挤、带、采、引、化等技法，进行徒手搏斗的一种武术功法运动。

桩上徒搏源自武术轻功——梅花桩练习法，以及武术推手、揉手、黐手等练习法。是将梅花桩功和武术推手等技法融合一体，通过在梅花桩上进行徒手搏斗，锻炼提高和相互比试平衡能力和攻防技巧。梅花桩功是民间传统轻功的练习方法，主要用于提高平衡能力和在险峰危地、船筏上进行格斗的能力。推手的运动形式也普遍存在于多数拳种内，只是名称各异，如抢手、黐手等。两人相互搭手，听劲而动，黏随走化，我顺人背，达到借力打人的效果。

比赛时，对抗双方均以同一侧脚站于中桩桩面上，脚内侧相近；另一脚分别站于各自身后的桩上；以下桩和违例的次数来判定胜负。

（一）场地及器材要求

1.场地

在表面平坦的室外土地或空间不低于3米的室内场地，划定长、宽分别为12米、8米的矩形比赛场地。

2.器材

在赛场中间布设三才桩：三根桩排列于一直线上，中间桩的直径为35厘米，两侧桩的直径为30厘米，相邻之桩为65厘米，桩高均为60厘米。

训练时，在条件允许的情况下可以用钢管、钢板按以上要求的规格制作桩体，再固定在用槽钢制作的底盘土，以便于移动。也可以用石柱或建筑用砖列为一直线放在平地上。如果不能固定，可使高度适当降低，使人稳固站于上为宜。

（二）技术学习

桩上徒搏是两人站在桩上，主要以手法进行徒手搏斗，其他技术方法都以手法为核心配合使用。因此，桩上徒搏教学，主要围绕手法而展开，手型、步型、步法、身形和身法的技术要求，可参照其他同类武术项目。

1.预备动作（搭手法）

双方运动员分别站在左、右两桩面上，互行抱拳礼。然后，均以右（左）脚站于正中桩面上，两人的脚内侧相近，后脚分别站于各自身后的桩上（左或右），同时两人左、右掌分别向体前侧起，高与胸齐，一内一外交错相搭，成"双搭手势"。预备动作既要有利于防守对方的进攻，又要为下一步进攻创造条件。

要点：身体右（左）前左（右）后成微侧身，头容正直自然，含胸裹臀，两膝微屈，两胯松沉，重心适中。搭手时松肩坠肘，两臂弯曲成弧形，不要过于用力，增强自己的听劲能力和变化速度。两脚在桩上站立时，要注意前脚尖微内扣，后脚尖外展，并尽量避免在同一条线上，以免削弱自己的攻防能力及稳定性。

2.推法

手臂前展以掌为着力点发力。

要点：运用推法时首先要保持自身重心稳定。要以肩催臂，不得有回抽现象，以免给对方有可乘之机。

3.按法

以手掌掌心为着力点向前、向下推击。

要点：前手推按时要注意劲在后脚，重心前移，力达手掌，手臂自然伸直。后手按时要后脚蹬桩，沉胯拧腰，力达手掌，前手配合防守。

4.捋、带、采法

捋、带、采均是以手着力，由前向后牵引对方的技法。区别主要在于牵引的高低不同，将是牵引其手顺我腰腹旁而去；带是牵引对方手臂顺我颈胸旁而去；采是牵引其手经胯膝旁而去。

要点：运用捋、带、采技法的关键在于正腰松胯，配合身法的侧、拧、退等加大向后运转的力度和幅度，运用捋、带、采时顺势借力。

5. 引法

黏随对方，听劲而动，诱其深入使对方失去重心。

要点：顺势引领，不丢不顶，保持自身重心稳定。

6. 化法

用圆弧运动轨迹，顺其来势，在运动中改变对方劲力方向，引其落空。

要点：以腰为轴，松胯旋腰，加大走化的幅度，达到引进落空、四两拨千斤的效果。

7. 结束动作

比赛结束后，运动员即刻停止进攻，互行抱拳礼；下桩后向场上裁判员行礼，退场。

（三）桩上徒搏的训练

1. 基础训练

（1）步法训练。桩上徒搏运动时，步法的运用相对较少，但步法的适当运用，可以增加攻防的效果和保持运动中的身体平衡与彼我双方的距离。桩上徒搏步法的总体要求是快、准、稳；快是指步法移动要迅速；准是指落脚点要准确；稳是指落脚时步要稳当。

在步法的变换过程中，要注意步法与身体的协调，即步运身行，身随步换。移动时腿不应过于抬高，不然既影响启动速度又容易暴露动作意图，并影响移动中的稳定性。移动前重心应适宜，重心过高容易出现上体前俯后仰，过低容易暴露动作意图。

（2）身法训练。桩上徒搏中，主要运用的身法有进、退、侧、拧、吞等，身法运用的关键在于轻灵自然，要注重以腰为主宰，切忌呆滞僵硬。拳论说："身与手合，手与身应。"身法的运用要注意与身体其他部位的协调配合，综合运用来增加攻防效果。身法运用时要注意运动幅度，身体的重心垂直线不能超过脚跟，做到不贪不欠，保持自己重心稳定。

2. 技术训练

（1）预备势训练。身体重心要适中，有支撑八面的状态，各部位调整到适于进攻、防守或变化的协调状态，从而达到进攻时快速、有力以至奏效的目的。在防守时表现出最佳的能力和效果，并能运用化、打合、攻防兼顾的技巧进行反击。

（2）手法训练。在桩上徒搏运动中，手型以掌为主，手法的运用主要有推、按、捋、带、采、拿等技法。手臂是各种攻防技术的主要着力点，运用不同的手法时要注意灵活变换。并注意与身法、步法的协调，使脚、腿、躯干、手顺畅，以免影响进攻的速度和力度。

（3）组合技术训练。组合技术训练包括进攻技术组合和防守反击技术组合。进攻技术组合主要有以下几种：左手推—右手推；左手缠（按）—右手推；右手缠（按）—左手推；双手缠（按）—双手推。防守反击技术组合主要有以下几种：左手缠—右下按；右手缠—左下按；左手托—右下按；右手托—左下按；捋—采；捋—按；闪—带。

3. 战术训练

桩上徒搏战术，是根据双方的情况，为战胜对方而采取的计策和方法。其作用在于将运动员已经获得的身体、技术、心理等训练成果最优化地进行综合运用，起到制人而不受制于人，从而夺取比赛胜利。

（1）进攻战术训练。进攻战术包括直接进攻和间接进攻两种。直接进攻是指比赛时，当对方的反应、动作速度弱于我方，或对方的技术不够熟练；或我方的体力、耐力、技术优于对方；对方的预备姿势出现空隙时；运用方法直接进攻对方。例如，我方推对方时，对方明显不能挤化，我方就直接将对方推下桩；或我方引化其力时，对方强行抽手，我方可迅速顺势按之。

间接进攻是指比赛时，有目的地给对方造成错觉，将对方引入歧途，再行进攻。当双方体力、技术等势均力敌时，直接进攻易被对方防守、截击。采用有意识试探问劲的战术，引对方进行防守产生空隙时，实现真实进攻。例如，我用一手推对方，对方或捋或引，我方随其势跟进时用另一手按击对方；或采用指上打下、指右打左的假动作来转移分散对方的注意力，促使其被虚假动作迷惑，我则乘机攻击其防守空当部位。

（2）防守战术训练。桩上徒搏双方距离较近，而且相对固定，需要采用主动防守。主动防守需注重防中有攻，化打合一、防守反击的原则。主动防守战术训练是用推、按、捋、带、采、引、化的方法，相互制约防守。例如，当对方推我时，我方乘彼之势捋之；对方按我时，我方顺其势而引之。被动防守战术训练，是指对方进攻，我方迅速降低重心以力相抗，或者撤手同时向后撤步，以保持我方站在桩上。

4. 功力训练

桩上徒搏是意识及手指、手臂、腰胯、腿部等多个部位的综合运动。要针对以上部位和运动特点进行专门训练，常见的练习方法有以下几种。

（1）桩功。保持静站姿势，虚灵顶劲，提掣全身，肩、背、胸、腰、胯、膝放松，使身体上部虚灵，呼吸顺畅；下部沉实，两脚支撑稳定，不做多余的妄动。进行以意领气、以气运身的练习。逐步形成"意到、气到、力到、身到""内外合一"的技能。练习时根据个人情况可做不同步形的桩功，如无极桩、弓步桩、马步桩等。

（2）跑桩功。将直径15～20厘米的圆木埋入土中，高度约50厘米为宜。初练时，用脚掌在间距为一步的30根桩上来回换走，随平衡能力的提高，增加换走的速度。也可以将建筑用的砖立放于平地，在砖上进行走跑练习，以提高步履轻灵和平衡稳定能力。

（3）推手。推手是双人徒手对抗运动。在太极拳系称推手，在其他拳系称黏手、靠手等。

两人相互搭手，听劲而动，黏随走化，运用推、按、捋、带、采、引、化等武术技法，提高我方化解对方推逼，保持自身稳定，乘势破坏对方平衡的能力。

（4）握力器练习。单手或两手通过抓握握力器，以提高手指的抓握力量。

（四）注意事项

1. 练习中的注意事项

桩上徒搏是两人完成的对抗练习，练习时应注意：

（1）练习前要检查指甲是否修剪，以免划伤对方。

（2）练习前要将衣服上的饰物，口袋中的硬物除去，避免硬物伤人。再检查鞋带衣扣是否系好。

（3）练习前要检查场地是否平整不滑，避免下桩时磕绊或滑倒。

（4）练习前检查桩体是否牢固和桩面是否光滑，避免桩体不稳或桩面太滑而摔落桩下。

2. 比赛中的注意事项

（1）在比赛中，避免过度紧张的心理，要沉着冷静，最大限度发挥自己的功力、技术水平。

（2）了解和熟悉比赛的场地和器材情况。

（3）赛前要尽可能地了解参赛队员的训练水平、技术特点、战术运用以及性格特征等情况，分析对手的优势与不足，有针对性地进行赛前训练。

（4）检录前要做好热身活动，进入赛场后要快节奏地进行临赛前的准备活动。

（5）比赛时运动员要根据对手技术和战术的运用，以及比赛中出现的情况，果断、迅速地采取有效的对策。

（6）要充分利用比赛的暂停时间恢复体力。

3. 防伤措施

（1）要树立防止损伤的观念，并采取行之有效的预防措施。

（2）重视准备活动。在练习或比赛前，根据自身和运动的特点适量做些抢臂、松胯、旋腰、压腿等准备活动，避免关节或肌肉的损伤。

（3）加强场地、器材的安全性。例如，用保护垫覆盖器材的棱角等。

>> 【知识拓展】

禅医行医法

一曰气化疗法。

禅医与传统中医理论一样，认为怒则气上，喜则气缓，悲则气消，恐则气下，寒则气收，湿则气泄，惊则气乱，忧则气滞，劳则气耗，思则气结，气随百病，百病发于气也。气是构成万物的物质，一切事物都是气变化的结果。故讲禅机即气机，悟禅机即悟气理。气通则血脉通，气不通则血脉不通，病生矣。所以，知禅机即可释病理，以通气、化滞、开结为主，主要以点化人体经络和气穴为主，以少林一指禅、二指禅之功点摩人体之经络气穴，化人体之滞气和气结，滞化、结开、气通则病释。

二曰药物疗法。

"深山藏古寺，碧溪锁少林"，丰饶的土地蕴天地之精华，为少林历代名医采摘百味之药提供了便利条件。中药百味，大抵可归为辛、酸、甘、苦、咸五大味。长期以来，少林医学中治疗跌打损伤、骨科、内科之多种良药，或煎服，或膏膜，或点滴人体窍门等，俱皆有效。

三曰食疗法。

禅医一道，不但有其独特的学术理论及行之有效的临床医术，而且特别注重食品养生。禅医理论认为：用药不如进食，药疗不如食疗。佛禅一道，于饮食中讲究较多，斋饭素食，乃是总括。观之牛羊一类，虽饮水食草，然膘肥体壮，或奔跑或负重，皆有坚忍耐力。所以，禅医医理在于引导患者医病之时，不食荤腥，而是食之以特定之谷物、蔬菜。腥是指动物肉类，荤是葱、韭、蒜、芥等，且苦、辣、酸、甜、咸五味皆不可过食。民间亦常有"鱼生火，肉生痰，青菜豆腐保平安"一说。通过特殊之饮食调理，由内而外来调理人体脏腑、气脉，从而驱病强身。

　　武术功法的概念，可界定为：以掌握和提高武术套路和格斗技术，诱发武技所需的人体潜能为目的，围绕提高身体某一运动素质或锻炼某一特殊技能而编组的专门练习。主要包括提高肢体关节活动幅度及肌肉舒缩性能的"柔功"，锻炼意、气、劲、形，完整一体的"内功"，增强肢体攻击力度和抗击能力的"硬功"，发展人体平衡能力和翻腾奔跑能力的"轻功"等。

　　武术功法内容丰富、形式多样。各门各派都有着各具特色的功法，按照锻炼方式和锻炼效果的不同，大致可分为武术柔功、内功、硬功、轻功和感知功五类。在当代，武术功法的价值主要体现在健身价值、技击价值、竞技价值三方面。

　　另外，本章详细讲述了单掌断砖、悬空断物、石锁上拳、指鼎较力、桩上徒搏五种功法的训练方法与注意事项，为练习者提供指导。

【回顾与练习】

1. 武术功法内容丰富，形式多样。各门各派都有着各具特色的功法，按照锻炼方式和锻炼效果的不同，大致可分为 ＿＿＿＿、＿＿＿＿、＿＿＿＿、＿＿＿＿ 和 ＿＿＿＿ 五类。
2. 在当代，武术功法的价值主要体现在 ＿＿＿＿、＿＿＿＿ 和 ＿＿＿＿ 三方面。

【武林人物】

一代宗师孙禄堂

　　孙禄堂(1860—1933年)，讳福全，晚号涵斋，河北省完县人，是清末民初蜚声海内外的儒武宗师，有"虎头少保""天下第一手"及"武圣"之称誉。

　　孙禄堂师从形意拳名家李魁垣，艺成被荐至郭云深大师处深造。之后又承武林大家程廷华、郝为桢亲授，并得宋世荣、车毅斋、白西园等多位武林前辈的认可点拨。郭云深喜而惊叹曰："能得此子，乃形意拳之幸也！"程廷华赞曰："吾授徒数百，从未有天资聪慧复能专心潜学如弟者。"郝为桢叹服："异哉！吾一言而子已通悟，胜习数十年者。"孙禄堂南北访贤，得多位学者、高僧、隐士、道人指点，视野广开，尤其在《易经》、儒释道哲理、内功丹法方面，受益奇丰。孙禄堂精通形意拳、八卦拳、太极拳三拳，他以《易经》为宗旨，融会古今，打通内外，提出"三拳形虽不同，其理则一"的武学理念。孙禄堂已出版《形意拳学》《八卦拳学》《太极拳学》《八卦剑学》《拳意述真》

五本武学经典。

　　孙禄堂创建的"孙氏太极拳"，在国术史上首次提出及印证了"拳与道合"这一经典命题，是太极拳发展史上的一座里程碑。

　　孙禄堂第一个提出：在文化领域里，武术与文学具有等同的价值；又率先提出"国术统一"的思想，这在当时中国武术界引发了极大的反响。孙禄堂集武学、文学、书法、哲学、教育学、社会学等多科学问于一身，武有成，文有养，是文武共舞共融的实践者。

第八章
武术套路的创编与图解知识

【学习目标】

　　了解与武术套路的创编有关的知识和要求，及创编武术套路过程中应注意的问题，运用不同的方式方法熟练掌握武术图解法，提升自身能力水平。

【学习任务】

（1）了解武术套路的创编基础知识和要求，创编武术套路的过程应掌握的要素。

（2）了解创编武术套路应注意的问题。

（3）了解武术图解基础知识与武术图解的方法。

（4）熟练掌握武术图解自学的方式、方法。

【学习地图】

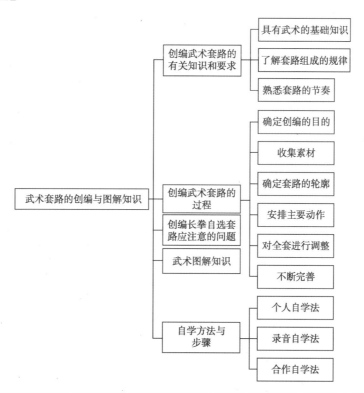

套路是武术的重要表现形式之一，在武术教学和训练中，经常要针对不同的对象和需要，创编一些新的套路。同时，也经常要参考和学习一些出版的武术书籍。如何创编武术套路，怎样掌握武术图书中的图解，是武术教学和训练中很重要的一个环节。

第一节 创编武术套路的有关知识和要求

一、具有武术的基础知识

创编武术套路首先需要有一定的武术基础知识，对所创编的拳术或器械有较深的了解，掌握它们的基本动作，通晓它们的基本技法，掌握一定数量的素材，具备了这些条件才可能创编新的套路。例如，创编一个剑术套路，就需要有剑术的基础知识，掌握剑术中击、刺、点、崩、撩、挂等的剑法，掌握剑术与刀术运动特点的不同之处，掌握剑法的劲力运用，有了这些基础知识之后才能创编剑术套路。

二、了解套路组成的规律

一个武术套路总是由几个"单个动作"联结组成一个"组合"，再由几个组合联结组成一"段"(或称之为趟)，几个"段"的联结，加上"起势""收势"就成了一个完整的"套路"。

单个动作，一般是由手型、手法、步型、步法、肘法、腿法、身法、眼法，以及蹿蹦跳跃和平衡动作所构成的。如果是器械套路，还需有器械的击刺方法。例如，"弓步搂手推掌"，左手向前、向左一搂，握拳收抱于左腰侧，右手立掌向前推出；左脚上步，左腿屈膝前弓，右腿伸直后蹬；挺胸、塌腰、顺肩，眼向前注视；这就是一个完整的动。它具备了拳、掌两种手型，搂、推两种手法，上步的步法，弓箭步的步型，挺、塌、顺等身法，前视的眼法。

组合，一般由几个不同的单个动作所构成。它是套路中的一个小单元。在一个组合里面，各个单个动作之间的联系则需要密切，即所谓"顺"。例如，《初级长拳第二路》第一个组合：左弓步冲右拳，接做踢右腿冲左拳、右拳收回，再接做右脚向前落步成马步、左拳上架、右拳冲出，最后接做移右脚成虚步、左拳抱腰、右拳屈肘横格，四个单个动作构成了一个组合。联系得比较密切，手脚的伸缩起落也比较顺，没有别扭的感觉。初级套路的组合应简单一些，单个动作可以少一些；复杂的套路和表演比赛的套路、组合应是多变化的，各个组合各有特点，起伏转折，快慢相间，动静交替为好。

段，一般由几个组合通过中间的过渡动作首尾相连而成。一段大多是从场地的一端开始到另一端为止，也有不在此例的。每一段所走的路线可以是直的，也可以是折线或弧线的，但各段所走的距离，一般要大致相等，以使整个套路布局均衡。由段构成的套路，起势、收势的位置和方向，一般要一致，相距不宜太远，比赛的套路更要注意起势和收势应在同一方的半场。

三、熟悉套路的节奏

武术的套路运动，特别是长拳类的项目，往往是起伏转折、快慢相间、动静交替，节奏性很强。在创编套路时要使套路的运动富于节奏，还需要懂得套路节奏变化的规律。所谓"起"，是身体直起或跳起；"伏"，是低俯或全蹲；"转"，是身体扭转或旋转；"折"，是身体折叠。一个套路里面，应该有起伏转折的动作变化。例如，《男子甲组长拳》第二段的"提膝盘肘亮掌——穿手跳跃插腿歇步亮掌——转身摆掌腾空摆莲——弓步栽拳上架"这一节，就具有起伏转折的节奏。除此之外，在一个套路里面还应该有快慢相间、动静交替的动作变化。创编套路选择动作时，就须注意对走势动作、定式动作、刚劲动作、柔劲动作等不同类型的动作，都要择取一些，但也不要平均，应根据创编套路的风格特点来决定。

第二节 创编武术套路的过程

一、确定创编的目的

创编武术套路，首先要确定创编的目的是为了普及，还是为了提高；是为了表演竞赛，还是为了保健体疗；是为儿童青少年服务，还是为中老年服务。目的不同，所创编的套路，在内容、数量、难度、结构，以及运动风格等方面，也就不同。所以创编武术套路，先要确定创编的目的。

二、收集素材

确定套路的创编目的之后，就可以着手收集素材。如果是以青少年为对象的教学和训练，创编这种武术套路，可以在长拳类拳术和器械的各种项目中去收集素材。如果是为了提高运动员表演比赛的水平，创编这种武术套路，就需要了解武术比赛技术发展的趋势，参考优秀运动员的套路结构和内容。如果是为了对公安人员进行教学和训练，创编这种武术套路，就要多收集一些踢、打、摔、拿等技击动作的素材。总之，目的不同，收集素材也不尽同。

三、确定套路的轮廓

依据不同的目的和所掌握的素材，进一步确定套路的基本轮廓。例如，为中、小学生创编初级长拳，动作和套路的结构都须简单，以便易教易学。有了这样的构思后，就可以确定全套安排几段，每段安排几个动作，采用哪些主要动作，即有了套路的轮廓。又如要创编一套比赛的套路，就要决定采用哪些主要的素材，全套共分几段，各段的路线如何安排，如何向场地的四角展开，等等。通过这样一番组织，套路的基本轮廓就形成了。

四、安排主要动作

在一个套路中总有一些难度较大、较为精彩的动作，在创编套路时要把这些动作作为重点。在总的布局中首先要考虑安排好这些内容。在比赛的套路中，这些精彩的动作，有的是突出劲力和技击方法特点的动作，有的是突出表现身法和步法的动作，有的是突出跳跃灵活的动作，有的是突出柔韧与平衡能力的动作，等等。这些内容多数是些组合，对于每个组合中动作的安排，组合之间前后动作的衔接，重点动作出现的先后，以及重点动作在场地的哪个位置出现，都需要进行斟酌。因为每一个套路都有它的重点段落，段落中有重点组合，组合中有重点动作。所以一方面要在套路中突出这些内容，同时也要保证在表演比赛时使这些主要动作能够顺利完成。

五、对全套进行调整

套路编创之后，还需对整个安排进行一些调整，这种调整包括套路所走的路线是否均衡，难度的大动作和重点组合是否安排到了恰当的位置，动作密度是否合适，运动量是否适度等。在这个过程中，有时甚至要对套路做某些大的改动。

在创编套路时经常遇到的一个问题是收集的素材内容很丰富，而编排时没有很好地考虑到一个套路的容量大小，套路创编以后显得过于臃肿堆砌。遇到这种情况一定要进行调整，否则就会感到繁冗。在创编套路时强调一个"顺"字，动作之间的衔接，段与段之间的衔接，都要顺。在创编一个套路时，往往为这个"顺"字而大费思索。这也是套路调整的一个重要工作。

套路的运动量，也应根据个人的生理特点、训练水平和素质特点来进行调整。此外，对套路的运动节奏也需要进行调整。对创编的套路进行调整，是个重要细致的工作，如果说在此之前所创编的套路仅仅是个塑像的毛坯，那么调整则是一个精雕细刻的过程。

六、不断完善

一个套路创编以后，又经过反复的实践，进一步发现问题，不断调整，使之逐步完善。要反复体会，广泛征求意见，不断总结，以求提高。

创编长拳自选套路应注意的问题

一、突出武术的特点

武术套路的动作一般都具有攻防意义，踢、打、摔、拿、击、刺等技击动作是构成套路运动的主要内容。它们有着不同的攻防规律，创编套路时必须注意突出它们的技击方法，遵循它们的运动规律。例如，"枪扎一条线"是枪的运动规律，创编枪术套路时就不能过多地选择平抡和劈打的动作，使枪术和棍术不分。同时，技击动作应该是套路的主要成分，在套路中要占较大的比重。这样才能突出武术特点。除此，武术又是一项民族形式的运动项目，有着鲜明的民族风格，创编套路时也需注意突出中国的气派。

二、勇于创新

在创编自选套路时，运动员往往是在对某一拳种流派有了一定的实践基础，在继承的基础上进行创编的。这样创编的套路，既保留了原来的风格，又有所创新。例如，有的自选套路有着明显的查拳风格，有的则有着明显的华拳风格，这是运动员对查拳和华拳有较深厚功底的缘故，这种在继承的基础上发展创新的路子是值得提倡的。同时，也可以在创编的过程中另辟蹊径，独创风格。在创编新套路时，不应拘泥于一种拳种流派的动作为创编的素材，可以将许多地方拳种的动作加以改造，使之长拳化，然后编入套路，创造一种新风格的套路。没有创新的发展，武术也就没有生命力了，这是事物发展的规律。因此要勇于创新，形成自己独特的风格。

三、充分发挥个人的特长

一个长拳自选套路，对运动员的身体素质有着全面的要求，但是每个运动员的身体条件、身体素质、训练水平，乃至性格特点都各不相同，在创编自选套路时应该充分发挥个人的特长，在规则所允许的范围内多安排一些适合个人条件的动作。如灵活性好的运动员可多安排些跳跃等技巧性强的动作，柔韧性好的运动员可多安排些腿法和平衡动作，身体较矮小的运动员动作宜快速、灵活、勇猛，身材较高的运动员动作宜舒展、飘洒、轻灵。要善于扬长避短，根据个人的条件，发挥个人的特点，创编出适合自己的自选套路。

四、注意套路的结构和布局

一个自选套路的动作应遍布整个场地，每个组合与段落在场地中的安排都要适当。如果整个套路密度太大，则不易突出重点，密度太小，则显得松弛；密度大的组合都安排在场地的一侧，会显得布局不均匀，所以难度大和密度大的动作要安排合适，起伏转折交替出现，整个套路才会显得均衡。

五、认真学习和领会《武术竞赛规则》的精神

竞赛规则对武术的训练和套路编创都有指导作用，它对自选套路有许多具体的规定，如内容数量的多少，时间的长短，套路的布局，技术的要求，动作的组别，限制动作的数量，助跑的次数和步数，等等。在创编自选套路时必须遵照有关规定，否则在比赛时势必影响成绩。

第四节　武术图解知识

武术图解是记录武术动作和套路的主要方式，由文字说明和图解两部分组成。文字说明叙述动作的详细过程和要领，图解描绘动作姿势和身体各部分（包括器械）的运动路线。正确掌握武术图解知识，能提高自学能力和教学水平。同时，运用图解知识来记载武术动作和套路，便于普及和推广。

一、武术图解的作用

（一）直观教学帮助理解武术动作路线、方向、要领

武术图解在武术教学中是一种有效的直观教学手段。武术套路丰富，人体姿势多样化，在武术教学中，尤其是辗转腾挪的动作方向与路线非常复杂，依靠武术技术挂图或临场绘制的图示配合讲解，能够更好地提高学生的兴趣及刺激探究心理，从而使学生通过图示加深对动作路线、方向及动作要领的理解，加快领会与掌握动作的过程，提高学习效率。另一方面，当老师发现学生的错误动作后，在黑板上或其他地方画出正误对比的动作图，有助于学生领会动作要点，及时纠正学生的错误动作。

（二）可以弥补教师示范动作的不足

在武术教学与训练中，示范是一种重要的授课方法。但是，动作示范往往受很多主客观条件的限制，如武术中弹跳动作的辗转腾挪，会因授课教师的年龄、运动水平等而限制。另外，武术长拳类项目中很多动作快速连贯、一气呵成，难以从中途分割、停顿，学生就难以看清动作的细节。而运用武术图解的方法，将动作的各个技术环境描绘出来，就弥补了武术运动中示范动作的不足。

（三）便于授课教师编写教案，有助于武术动作的设计与创新

　　武术教师在编写教案时，运用武术图解不仅可以避免冗长的文字叙述，节省时间，而且可以更加清晰地勾画出武术动作技术轨迹路线，对创编的武术套路演练的空间分布、时间、场地运行路线等进行多维描述。

二、武术图解知识

　　武术图解知识一般包括运动方向、动作路线、往返路线、叙述路线、动作名称和要领说明等方面。正确地掌握这些知识和方法不仅方便自学，而且为熟练记忆动作，以及促进了武术得以系统地传承与发展提供了方法与途径。

（一）运动方向

　　图解中的运动方向是以图中人的身体姿势为准，并且随着身体姿势及其所处的位置变化而变化。图中人的身前为前，身后为后，左侧为左，右侧为右，向地心为下，离地心为上。另外，还有左前、右前、左后、右后等。转体时，以转后身体姿势为准。如"弓步搂手冲拳"就是以左转后的身前为前，身后为后，以此类推。武术图解中，身体姿势决定了运动方向，而不受头部和视线的影响。在文字说明中，也有以东、西、南、北来表示方向的。这与地图的方式是一致的。

（二）动作路线

　　人体在武术运动时的部分肢体或部位常处于（成角）透视状态，其长度比例必然因透视而缩短原比例关系。武术运动具有多彩形式、内容丰富，不同流派的武术套路即使同一个动作名称也迥然有别。在武术运动的人体运动图中，箭头所指之处，均为人体部位的运动比例。

　　武术插图一般用实线（→）和虚线（--→）表示该部分的下一个动作将要进行的路线。箭头为止点，箭尾为起点。实线与虚线分别表示人体右侧肢体和左侧肢体（包括器械）运动的路线。有的插图右上肢和左下肢用实线表示；有的插图上、下路线都用虚线或实线表示。目前已逐步统一为左虚右实法。此外，有的插图还附有足迹图，用来表示脚在运动着地的位置变化。虽然用法不一，但作用是相同的，都是表明下一个动作将进行的路线。

（三）往返路线

　　武术套路由若干段（趟）构成，各段的往返路线，一般是单数段向左，双数段向右转回原来的位置。有的套路较为复杂，每段的前进方向经常多元变化，一定要清楚段的前进方向，即使在前进中有转身的动作变化，在转身后仍朝着前进方向前进即可，也可将一段分为若干小节，一节节地学就相对容易很多。如果练习中出现一段（趟）最终不能朝既定方向行进，起势和收势不能基本还原或方向相反，说明动作出现了错误。此时，可以对照图解动作路线箭头认真检查，加以纠正。

（四）叙述顺序

文字叙述过程中，一般先写下肢（步型、步法、腿法等），继之写明运动方向（向前、向后、向左、向右等），再写上肢动作（手型、手法、肘法、器械持握方法及动作方法），最后注明目视方向。在个别情况下，也有以身体各部位运动的先后顺序来写。

另外，文字说明中有"左（右）"或"右（左）"的写法，表示左右均可或左右互换的意思；有"同时"的写法，则表示无论先写或后写的身体各部分都应一起运动。

（五）动作名称

为简化文字说明，方便记忆与交流，武术图解常常使用动作名称。动作名称多以下肢的主要动作结合上肢的主要动作而命名，如"马步冲拳""马步顶肘""虚步刺剑""歇步按刀"等。有的根据动作形象命名，如"白鹤亮翅""金鸡独立""回马扎枪"等。掌握武术动作名称对阅读图解和学习动作会有很大帮助。

（六）要领说明

要领是完成，并做好武术动作和技术的关键。有些武术图解中，在动作的后面附有要点和要领，是为了提示完成武术动作的基本要求。例如，弓步冲拳要领：蹬地、拧腰、转髋、送肩。阅读或练习时必须认真领会动作要领，只有掌握了动作要领，并且反复练习，才能正确地完成动作。

>>【推荐阅读】

《武术》，蔡仲林、周之华主编，高等教育出版社

普通高等教育"十一五"国家级规划教材，普通高等学校体育教育专业主干课教材。技术方面遵循了"淡化套路、突出方法、强调应用"的指导思想。选编内容适应体育课程改革发展的需要，体现了学校武术教育教学改革的发展趋势。

第五节 自学方法与步骤

一、个人自学法

个人自学法是在无人帮助的情况下采用的自学方法。这种方法一般适用于有一定武术技术基础和基本知识的学生，而初级水平者学习时会有较大困难。其步骤如下：

看图和动作名称。按动作出现的先后顺序，将3~5个动作划为一节，先看分解动作图和动作名称，基本领会动作路线、方法以及动作间的相互衔接，接着将它们一一贯穿试练，建立初

步的动作概念。

看文字说明。形成初步的文字概念后，认真阅读和理解文字说明，以便掌握正确的技术规格。同时，对图中难以弄清的动作细节，也可以通过文字说明来掌握。此时可以采用边看边做的方法以加深印象。

深化提高。基本掌握技术动作后，应及时参照要领和要点进行深化提高，直到基本达到要求后，再进行新动作的学习。同时，还应不断地连贯复习，熟练巩固，这样才能收到良好效果。

二、录音自学法

录音自学法是以录音机为主要媒体来学习的自学方法。这种方法克服了个人自学法边看边做的间断性，以及由此带来的方向混淆等缺点。通过录音机来提示和启发自学，使学生更快地掌握较为完整的技术动作。其步骤如下：

录音：将所学内容分为若干节，并将各节的文字部分录制在磁带上，每一节就是一个学习单位。录音时，要求每节的动作与动作之间以及节与节之间有一定的间隔，而且语音要清晰，语速要适中，以便回忆和联想。

听音：录音后，反复听音以形成初步的动作印象，同时对照动作插图加强印象，然后依照录音的动作要求提示，边听边做，逐节进行学习，直至基本掌握技术动作。

巩固提高：基本掌握动作技术后，反复听练，特别加强对动作细节、动作要领和要点的领会，及时纠正自己的错误动作，并且将各节内容连贯起来练习，巩固提高技术动作，熟练掌握学习内容。

三、合作自学法

合作自学法是与同伴共同学习的学习方法。这种方法简单易行，对初级水平者较为合适。它一方面要求学生独立思考，认真钻研，切忌依赖别人；另一方面又强调相互帮助以达到共同目的。

>> 【知识拓展】

二十四式简化太极拳

简化太极拳是一种健身拳术。1956年，国家体委组织部分专家，在传统太极拳的基础上，按由简入繁、循序渐进、易学易记的原则，去其繁难和重复动作，选取了二十四式，编成《简化太极拳》。仅北京一地，1980年就建立了140多处太极拳辅导站，举办过800多期太极拳训练班，参加活动者达4万人次以上，这些辅导站传授的主要是简化太极拳。简化太极拳套路由24个式子组成，故又称24式太极拳。自推广以来版本读物(包括近10多年来不断出版的光碟教材)已不下数十种。

《简化太极拳》一书的主编和执笔者、该套路首个中国教练员培训班执教者李天骥，字龙飞，1914年12月20日出生于河北省安新县，父亲李玉琳是山东国术馆教务长、著名武术家。李天骥幼承家技，并得孙禄堂、李景林等前辈的直接训导，精形意、八卦、太极，尤擅武当剑术。

全套共四段，约5分钟可练完一套。主要动作有野马分鬃、搂膝拗步、白鹤亮翅倒卷肱、单鞭、云手、左右蹬脚、独立、穿梭、海底针、闪通臂、搬拦锤等。1979年，国家体委又编创四十八式太极拳，是简化太极拳的继续和提高。全套共六段四十八式，约8分钟可练完。以杨式太极拳为基础，吸收吴式、孙式太极拳的平圆手法和武式、孙式太极拳的撤步、跟步。

24式简化太极拳动作名称：

1.起势；2.左右野马分鬃；3.白鹤亮翅；4.左右搂膝拗步；5.手挥琵琶；6.左右倒卷肱；7.左揽雀尾；8.右揽雀尾；9.单鞭；10.云手；11.单鞭；12.高探马；13.右蹬脚；14.双峰贯耳；15.转身左蹬脚；16.左下势独立；17.右下势独立；18.左右穿梭；19.海底针；20.闪通背；21.转身搬拦捶；22.如封似闭；23.十字手；24.收势。

　　武术图解是记录武术动作和套路的主要方式。它由文字说明和图解两部分组成。文字说明叙述动作的详细过程和要领。图解描绘动作姿势和身体各部分（包括器械）的运动路线。

　　武术图解的作用：直观教学帮助理解武术动作路线、方向、要领，可以弥补教师示范动作的不足，便于授课、教师编写教案，有助于武术动作的设计与创新。武术图解知识一般包括运动方向、动作路线、往返路线、叙述路线、动作名称和要领说明等方面。

　　自学方法与步骤：1.个人自学；2.录音自学；3.合作自学。

　　武术套路创编的好坏直接影响着受众的视觉效果，阻碍武术的继承与发展，以及影响运动员的比赛成绩。"人的需要"是武术套路创编最基本的生产与消费的关系。满足武术套路秩序感的需要，从时空层面满足节奏韵律的需要，满足形式美法则在武术套路编排中的具体运用，满足武术套路与音乐的融合、意境美——武术套路创编最高价值追求是武术套路创编的主要策略。

【回顾与练习】　1.简述武术图解的作用。

2.何为个人自学法？

3.简要列述创编武术套路的策略。

【武林人物】　　　蔡龙云（1928—2015年），济宁人，中共党员，我国著名的技击家、中国武术九段，出身武术世家，是我国武术前辈蔡桂勤的儿子。曾任上海华联同乐会体育部武术教练。中华人民共和国成立后，历任上海武术界联谊会常务执行委员，中央体育学院竞技指导科武术队政治辅导员，上海体育学院武术教研室主任、副教授，中国武术协会副主席，国家级武术裁判员。

　　蔡龙云演练的祖传华拳、十二套拳路打得风格醇厚、刚猛、飘逸、挺拔、俊美。老一辈武术家曾这样称赞蔡龙云的华拳："动如本獭，静如潜鱼，进如风雨，退若山岳。"并且精研少林、形意、八卦等拳种。

　　蔡龙云多年从事科研和管理工作，在理论研究上，他撰写的一至五路《华拳》《五路查拳》《武术运动基本训练》《剑术》《少林寺拳棒禅宗》等，博得了广大武术爱好者的喜爱。其中的《武术运动基本训练》和《一路华拳》对李小龙产生了巨大的影响。李小龙生前著作《基本中国拳法》中有许多章节译自蔡龙云的《武术运动基本训练》。而在李小龙电影代表作《龙争虎斗》中所使用的得意技"击步三步落地旋风脚"也是出自蔡龙云的《一路华拳》。

2015年12月19日23时40分，蔡龙云因病医治无效，在上海市新华医院逝世，享年87岁。

参考文献

[1] 体育院系教材编审委员会.武术[M].北京:人民体育出版社,1985:146-147.

[2] 全国体育学院教材委员会.武术理论基础[M].北京:人民体育出版社,1996:140-141.

[3] 邱丕相,蔡忠林.中国武术导论[M].北京:高等教育出版社,2010(7）：87.

[4] 蔡龙云.武术运动基本训练[M].上海:上海人民出版社,1956.

[5] 蔡龙云.琴剑楼武术文集[M].北京:人民体育出版社.2007:17-18.

[6] 方方,程娜.吴式太极拳[M].吉林:吉林科学技术出版社,2012:3.

[7] 朱瑞琪.武术基础练习（三）——南拳[M].北京:人民体育出版社,1994:3.

[8] 宗维洁.八卦掌[M].北京: 北京体育大学出版社,2008.

[9] 邱丕相.武术套路运动的美学特征与艺术性[J].上海体育学院学报,2004(4）.

[10] 张志雷.武术套路创编依据与目的的研究[J].济南:山东师范大学,2006.

[11] 肖志鹏.武术与中医[J].井冈山师范学院学报,2001(6）.

[12] 张传龙.试论武术与中医的关系[J].体育世界,2008(6）.

[13] 郭凌宇.论传统武术与中医文化的同源性、交融性、影响性[J].武术科学,2004(2）.

[14] 莫里斯·梅洛–庞蒂.知觉现象学[M].姜志辉,译.北京:商务印书馆,2001:140.

[15] 陆跃琴.从艺术视觉分析竞技武术套路创编的时空、动态效果[J].浙江体育科学,2012(5）.

[16] 张巍.论节奏与节拍的关系——对二者概念的评价与讨论[J].黄钟,2005(1）.

[17] 刘叶.民族健身操的创编理论与应用研究[D].武汉: 武汉体育学院,2012.

[18] (明代)潘之淙.书法离钩[M].台北:台湾商务出版社,1986.

[19] 林少雄.新编艺术概论[M].上海:复旦大学出版社, 2007:139.

[20] 栾庆伟.论武术套路的表演艺术[D].上海: 上海体育学院,2010.

[21] 王岳川.书法文化精神[M].北京: 北京出版社,2009:105.

[22] 张艳.形式美法则在版式设计中的应用[J].黑龙江科技信息,2010,20:30.

[23] 张墨.广告视觉图形中的形式美法则探析[J].广西轻工业,2011(3）.

[24] 宋瑾.音乐的意义[J].中国音乐学（季刊),2008(1）.

[25] 侯燕.音画统一与视听合一——电影音乐特性研究[J].中国音乐学（季刊),2007(1）.

[26] 戴国斌.武术现代化的异化研究[J].体育与科学,2004(1):9.

[27] 吴松,王岗,朱益兰.武术意境——中国武术艺术理论初探[J].体育学刊,2013(3).

[28] 王令中.艺术形式的秩序感[J].装饰,2004,12:77.

[29] 文旭旭.朱旭云.论艺术形式的秩序感[J].长沙大学学报,2008(1).

[30] 贡布里希EH.秩序感——装饰艺术的心理学研究[M].范景中,等,译.长沙：湖南科学技术出版社,2003.

附录

武术套路演练与欣赏

第一节　太极拳

1. 起势
2. 左右野马分鬃
3. 白鹤亮翅
4. 左右搂膝拗步
5. 进步搬拦捶
6. 如封似闭
7. 单鞭
8. 手挥琵琶
9. 倒卷肱
10. 左右穿梭
11. 海底针
12. 闪通背
13. 云手
14. 左右揽雀尾
15. 十字手
16. 收势

第二节　太极剑

预备式
起势
第一段：
1. 并步点剑
2. 撤步反击

3. 进步平刺

4. 向右平带

5. 向左平带

6. 独立上刺

7. 转身弓步劈剑

8. 虚步回抽

第二段：

9. 并步平刺

10. 右弓步拦剑

11. 左弓步拦剑

12. 进步反刺

13. 上步挂劈

14. 丁步回抽

15. 旋转平抹

16. 弓步直刺

收势

第三节　简化少林拳

第一段：

1. 并步抱拳

2. 高虚步双劈掌

3. 弓步左冲拳

4. 弓步插掌

5. 砍掌弓步顶肘

6. 弹腿

7. 弓步盘截拳

8. 弓步架抱拳

第二段：

9. 抄拳

10. 左右格拳弓步砸拳

11. 并步格拳

12. 弓步反击掌

13. 弓步侧架冲拳

14. 虚步合肘

15. 单拍脚弓步架冲拳

16. 砸拳弓步冲拳

17. 腾空二起脚

18. 歇步十字下冲拳

19. 搂手提膝推掌

第三段：

20. 马步冲拳

21. 蹲步砸拳

22. 马步架冲拳

23. 盖跳步仆步切掌

24. 弓步架掌插指

25. 跪步按掌

26. 踹腿马步插指

27. 马步架栽拳

28. 并步抱拳

29. 收势

第四节　少林阴手棍

一趟：

1. 起势

2. 马步持棍左推掌

3. 提膝持棍左推掌

4. 上步跳步左弓步背棍推掌

5. 上步马步挑把

6. 换跳步马步挑棍

7. 左弓步压把

8. 舞花左扑步摔棍

二趟：

9. 圈棍横裆步拉棍

10. 左虚步架棍

11. 上步右虚步架棍

12. 右弹腿挑棍

13. 上步舞花夹棍右弓步横扫

14. 左转跳云棍夹棍左弓步横扫

15. 转身舞花蹲步后踹腿

16. 跳步右弓步架推棍

三趟：

17. 圈棍左横裆步拉棍

18. 转跳跪步压棍

19. 右弓步拦腰扫棍

20. 左弓步拦腰左扫棍

21. 右弓步盖棍

22. 左弓步穿棍

23. 提膝单手架棍

24. 左弓步刺棍

25. 震脚蹲步刺棍

26. 跳步左弓步刺棍

四趟：

27. 丁步回身穿棍

28. 转身马步压棍

29. 换跳步右扑步扫棍

30. 换跳步左扑步扫棍

31. 上步转身扛棍

32. 提膝回身扫棍

33. 换把左弹撩把棍

34. 右弹撩棍

35. 跳步马步持棍

36. 收式